圖解 韓國傳統服飾

禹那英 著

黃筱涵 譯

　　幾年前開始繪製韓服插畫的我，難免對韓服產生了一兩個疑問。「我現在畫的是有考究的正確韓服嗎？」「這套韓服的正式名稱是什麼？」「這是什麼樣的身分，在什麼時間、場合穿著呢？」

　　但是這些必要的資料，卻比我預想的還要難查。我不知道該買什麼樣的書才好，上網查也不知道該從何下手，相當不知所措。

　　於是我秉持著對韓服的興趣，在繪圖的過程中慢慢蒐集相關書籍，一點一滴地增加相關知識。但是有些書籍過於學術，有些則過於廣泛，有些又缺乏具體圖片，總覺得少了點什麼。

　　因此不禁思考，如果有一本書讓人輕鬆了解韓服的基本構造、種類與簡單的歷史背景等就好了。日本出版了許多和服相關的書籍，韓國卻遍尋不著能夠輕易理解韓服的書籍，讓我深感遺憾。所以儘管我對韓服的理解尚淺，仍下定決心編寫了這本《圖解韓國傳統服飾 女性篇》。

　　本書想幫助的不僅是初次繪製韓服的人，也希望單純對韓服有興趣的人，同樣能夠透過本書輕鬆接觸韓服並獲得簡單知識。

　　在此由衷感謝許多協助我出版本書的人員，之後也將透過《圖解韓國傳統服飾 男性篇》再與大家見面。

2019年1月18日 於工作室

16世紀

赤古里（上裝）相當長且比身體寬，裙子（下裝）相當寬且長度偏長。

藉由剪裁寬鬆的服裝，將大量高級布料裹在身上，在當時是一種誇示身分階級的方法，同時也是美的象徵。

17世紀

經歷壬辰倭亂※1與丙子之亂（丙子胡亂）※2後，赤古里的種類鋭減，布料用量也逐漸減少，整體造型從彰顯身分轉為實用性質。這時期的赤古里比16世紀時來得窄且短。

※1：日本稱為「文祿慶長之役」，即發生於1592～1593年的文祿之役與1597～1598年的慶長之役兩場戰役的合稱。
　　　豐臣秀吉為了征服大明帝國，與朝鮮、大明組成的聯軍交戰。1598年，豐臣軍在豐臣秀吉離世後撤退。
※2：1636～1637年朝鮮抵禦滿清攻打之戰。

18世紀

與16～17世紀的寬鬆赤古里不同，身體處的布料又短又窄。這個時期會露出抹基※3，而赤古里也相當合身，會露出女性的身材曲線。

※3：裙子腰部的布料。

19世紀

赤古里短到露出胸口，因此必須
為下裝繫上腰卷（腰帶）遮胸。
這時期流行的赤古里身體部分與
袖子都變得更窄，合身得猶如直
接量身縫上。

20世紀

身體布料前後側變得很短的赤古里，在20世紀初期再度變長，袖子也變寬，開始流行名為黑鯽袖底[1]的寬袖。

這個時期的女性漸漸不再穿著綁腰高腰裙[2]，取而代之的是改良過的背心高腰裙[3]（p.36），下裝也從瓶型變成寬鬆的A字型。

※1：袖子的下側形狀猶如黑鯽腹部。
※2：裙腰部分附有帶子的傳統裙。
※3：下裝的上半部有背心設計，穿著時將肩帶掛在肩膀上即可，又稱為肩裙。

未婚女性的裝束

朝鮮王朝時代的未婚女性，通常
會以黃色赤古里搭配赤裙。
這套衣服有時會穿在婚服「闊
衣」（p.116）的裡面。而當作
婚服使用時會搭配三回裝版本
（p.34），衣襟（p.25）、衿（衣
襟綁帶／p.28）、肩個只（腋下
處的裝飾／p.34）為赤紫色。

女孩的裝束

每逢新年等特殊的日子，無論男女童都會穿著彩段（彩色的線條）※赤古里。

彩段赤古里源自於傳統的陰陽五行思想，將黑色以外的五方色（p.18）布料接成彩段袖，藉此為孩子消災解厄並祈求福氣。

※：用赤、青、白、黃、綠（代替五方色中的黑色）布條拼接成條紋的幼兒赤古里袖子，或是相同造型的布料。雖然朝鮮王朝時代僅使用這五色，但是現代童裝赤古里的配色更加自由，甚至有粉彩色或粉赤色。各位在繪圖時除非是必須考證的場合，否則不妨靈活搭配各式色彩。

新嫁娘的裝束

綠色赤古里與大紅色裙子組成的「綠衣紅裳」，通常稱為新嫁娘韓服。據説是新嫁娘婚後至產下第一個孩子之間穿著的。

婚禮所穿的闊衣（p.116）與綠圓衫（p.118）相當昂貴，無力負擔的民間女子會穿著「綠衣紅裳」搭配汗衫※代替婚服。

※：裝在闊衣或圓衫等禮服袖口，用來遮手的白布。

已婚女性的裝束

已婚女性產下第一個孩子後，就
會脱下「綠衣紅裳」，改穿玉色
赤古里搭配藍裙。

有些人會用黃色赤古里代替玉色
赤古里，但是基本上年紀愈大，
顏色服裝就愈黯淡。

赤古里綁有赤紫色紟（衣襟綁帶
／p.28）的已婚女性，代表著願
意一生夫唱婦隨的意思。藍色鑲
邊（p.32）則代表生了兒子。

【王族】

王：有陛下、大王與太王等多種稱呼

王妃：有中殿、王后等多種稱呼

王世子／世子：王位繼承者

王世子嬪／世子嬪：王世子的正妻

王世孫／世孫：下一任王位繼承者

王世孫嬪／世孫嬪：王世子的正妻

大君：王與王妃所生的兒子

公主：王與王妃所生的女兒

君：王與側室所生的兒子

翁主：王與側室所生的女兒

王大妃／大妃：王的母親，上一任王的王妃

大王大妃：王的祖母，上上一任王的王妃

【朝鮮王朝的官職品階】

無階：獨立於品階之外的最高等人物，包括王妃、王子與王女等。

正一品		
從一品		敬稱：**大監**
正二品		
從二品		
正三品		敬稱：**令監**
※正三品細分成兩種		
堂上官		
堂下官		
從三品		
正四品		
從四品		
正五品		
從五品		
正六品		敬稱：**老爺**
從六品		
正七品		
從七品		
正八品		
從八品		
正九品		
從九品		

共計18個官位

品外：不列入品階的最低等職位。

【身分、階級】概略分成4種（●）

● **兩班**：統治階級。高麗時代（918～1392年）的文班（文官）與武班（武官）並稱兩班。這些職位都為世襲制，因此兩班也代表家世。

　士大夫：意思與兩班相同。

　儒生：實現儒家理念的優良學者。學識淵博且重視禮節、品味高雅，並會秉持愛國心奉獻社會。許多儒生都會當官，但是與君主理念不合時仍不惜辭官。屬於兩班的一員。

● **中人**：醫官（醫師）、譯官（口譯員）等特殊職業。

● **常人／常民**：庶民、農民、商人、職人。

● **賤民**：沒有資格當官，但是也不具納稅的義務，以下僅為部分例子。

　奴婢：傭人，會被視為「財產」而受到人身買賣。

　妓生：妓女，為了取悅身分高貴者，均具備高超舞藝與教養。

　巫堂：巫女。僧侶也屬於賤民。

　白丁：從事動物屠宰與皮革相關工作。

士庶階層：擁有參加科舉、授予官職的權利

統治階層

● 還有其他更細的分類

● 常人即使有權參加科舉考試，也缺乏財力與時間，所以通常不會參加。

【宮女職稱】

至密：服侍王與王妃的起居
針房：負責衣物與寢具的裁縫
繡房：負責刺繡
燒廚房：負責宮廷伙食
　　內燒廚房：負責王的餐飲
　　外燒廚房：負責宴會料理
生果房：負責水果與茶點等
洗踏房：負責洗衣等
洗手間：負責王的盥洗、沐浴與廁所方面的事務等

【宮女階級】

尚宮：最高階宮女，屬於正五品
內人：一般宮女
見習宮女
　　絲陽內人：至密、針房、繡房的實習宮女
　　兒童內人：其他實習宮女
水賜伊：低等僕役，賤民階級，並未住在宮中，每天會從宮外入宮

【尚宮職責】

提調尚宮：宮女長，地位最高的尚宮
副提調尚宮：副宮女長
監察尚宮：管束並監督宮女
至密尚宮：服侍王與王妃的起居
　　待令尚宮：至密尚宮之一，隨侍在王的身邊
　　仕女尚宮：至密尚宮之一，負責書籍管理、朗讀與書寫
保姆尚宮：負責教育年幼王子與王女
本房尚宮：王妃或世子嬪嫁入宮中時一併帶來的尚宮
大殿尚宮：負責王的居所（大殿）
氣味尚宮：為王的餐飲試毒
特別尚宮／承恩尚宮：獲得王的寵幸後，尚未成為側室的宮女

【側室（後宮）品階】

正一品	**嬪**
從一品	**貴人**
正二品	**昭儀**
從二品	**淑儀**
正三品	**昭容**
從三品	**淑容**
正四品	**昭媛**
從四品	**淑媛**

會與姓氏一起稱呼，有像「貴人南氏」、「淑儀文氏」這種擺在姓氏前的稱法，也有「南貴人」、「文淑儀」這種擺在後面的稱法。

妃嬪：王的正妻與王世子的正妻

內命婦：王妃、側室與宮女等住在王宮內且有品階的女性
外命婦：王或王世子的女兒、王的女性親戚、文武官的妻子等女性中擁有官爵的女性總稱

●這裡列舉的是最具代表性的部分，實際情況眾說紛紜。

第1章 韓服的顏色

第2章 基本韓服

第3章 帽類

第4章 髮型與髮飾

第1章

韓服的顏色

五方色

傳統韓服的顏色採用了源自於陰陽五行思想的「五方色」，每一種顏色都有其意義與象徵，並非僅重視外觀美感。

青、白、赤、黑、黃這五色稱為「五方正色」，分別代表東西南北與中央這五個方位。

青	東方、木、春、萬物復甦與誕生
白	西方、金、秋、義
赤	南方、火、夏、驅邪
黑	北方、水、冬
黃	中央、土、宇宙中心最高貴的顏色

陰陽五行思想

源自於中國的思想，認為萬物皆由金、木、水、火、土這五個元素組成，且這些元素都各具陰陽。木生火、火生土、土生金、金生水、水生木，這樣的關係稱為「相生」；相反地，木剋土、土剋水、水剋火、火剋金、金剋木為「相剋」。

→ 相生　→ 相剋

五方色相生關係以及相剋關係的中間色合稱為「五方間色」。比五方間色更珍貴的是五方正色，因此身分高貴者的衣裳與重要物品，主要會使用五方正色而非五方間色。

五方間色－相生間色※1

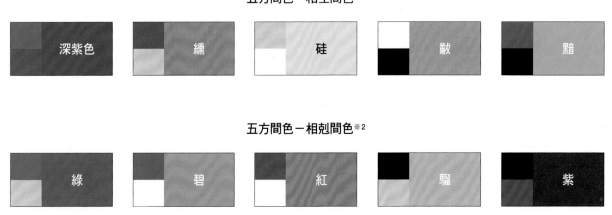

深紫色　纁　硅　黇　黯

五方間色－相剋間色※2

綠　碧　紅　驪　紫

※1：相生關係的色彩之間（位在右上圖➡箭頭處的顏色）的中間色
※2：相剋關係的色彩之間（位在右上圖➡箭頭處的顏色）的中間色

色彩的使用與禁令

青色的登場次數僅次於白色，且又分為碧色系與綠色系。

碧色系列廣泛用於官服，藍色則常見於女裝的裙子。
玉色是宮中最常用的顏色，綠色赤古里則是民間女性的服裝顏色。

白　　白色是最常用的顏色。

白色登場機率最高的理由，包括當時的顏色禁令、接連不斷的國葬、染料太過昂貴、染織技術過於繁雜等，但是一方面朝鮮半島的人們也自古就喜愛白色。雖然高麗時代至朝鮮王朝時代（918～1897年）期間數度頒布白衣禁令，但是人民幾乎不願意遵守，依然經常穿著白衣。至於頒布白衣禁令的理由，則是因為受到方位影響的色彩觀念中，認為符合「木」的青色，才是位在東方的朝鮮代表色，所以命令人民穿著青衣。朝鮮王朝第22代國王正祖（在位期間1776～1800年）之後，就以染布費用過於昂貴的理由，允許老百姓穿著白衣，僅規定官員穿著青衣。

赤色又分成紅色系與紫色系。

赤色屬於王室的顏色，會用在國王的袞龍袍※、王妃的圓衫（p.130）與膝襴裙（p.131）等。王朝針對赤色的使用規範經過多番議論，最終決定朝廷眾臣與儒生穿著的衣服，不可使用接近赤色的顏色。但是民間不分貴賤，人人都偏好紅色系的衣服。

※：朝鮮君主的朝服，胸口、背部與雙肩都有以金線繡出的圓補，上面施有龍的刺繡。

黑	緇色	灰色	鳩色

朝鮮王朝自第14代國王宣祖（在位期間1567～1608年）開始大量使用黑色系，包括黑色的官服（黑團領）以及民間的黑裙。朝鮮王朝也曾用過灰色團領（官員朝服），但是第4代國王世宗（在位期間1418～1450年）頒布禁令後，灰色就僅用於僧侶服與喪服。

黃	松花色	梔子花

黃色是限制最多的顏色。自從中國將黃色訂為皇帝的服裝用色後，朝鮮王朝就徹底禁止黃色的使用。儘管如此王朝上下仍難以完全遵循，甚至在第9代君主成宗（在位期間1469～1494年）統治期間，舉國不分貴賤與公私均偏好起黃色。在朝鮮王朝的眼裡，松花色與梔子色與皇帝使用的黃色不同，所以會用在女性的日常赤古里上。後來高宗（朝鮮王朝的第26代國王／在位期間1863～1917年）宣布改國號「大韓帝國」（1897年）後，王室也開始穿著黃色龍袍與圓衫。

依階級而異的服裝顏色

以宮廷為主的上流階層服裝會使用多種色相，其中兒童與年輕女性更是偏好明亮鮮豔的服色。

宮廷常用的顏色

紅色	王的常服與朝服※1 王妃的翟衣（p.133）、王妃／王世子嬪／王世孫嬪的露衣（p.129）
黑	王／王世子／大世孫的冕服※2、大君的常服 王子／君的大禮服
鴉青色	王世子／王世孫的常服 王世子嬪／王世孫嬪的翟衣

軟豆色	圓衫（p.130） 唐衣（p.122）	松花色	←赤古里 或裙→	藍色	赤紫色	玉色	纁色

※1：國王上朝接見臣子時穿著的禮服，由於頭上會戴著通天冠，所以又稱為通天冠服。
※2：祭禮、正朝、冬至、嘉禮（婚禮）等所穿著的大禮服。

庶民通常最偏好白色，且因為色彩鮮豔的服裝往往需要使用大量的染料，所以日常也以用色較淡的服裝為主。

平民男裝常見的顏色

赤古里（上衣）	白	褐色	軟褐色	玉色	纁色	灰色
袴（褲子）	白	褐色	軟褐色			
袍（外衣）	白	玉色	藍色	軟褐色	灰色	

平民女裝常見的顏色

赤古里（上裝）	白	梔子色	松花色	軟褐色	玉色	纁色
裙子（下裝）	白	玉色	軟藍色	藍色	纁色	
披頭（披覆物）	綠色	藍色	玉色	軟豆色		

男性韓服的色彩搭配範例

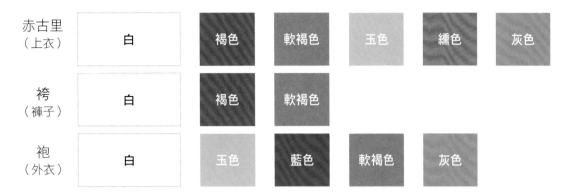

女性韓服的色彩搭配範例

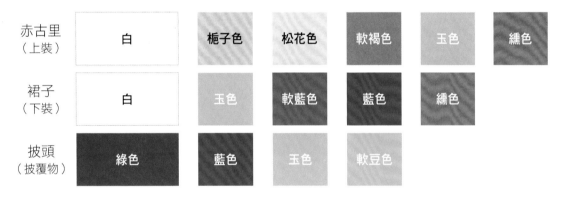

第2章

基本韓服

赤古里的構造與名稱

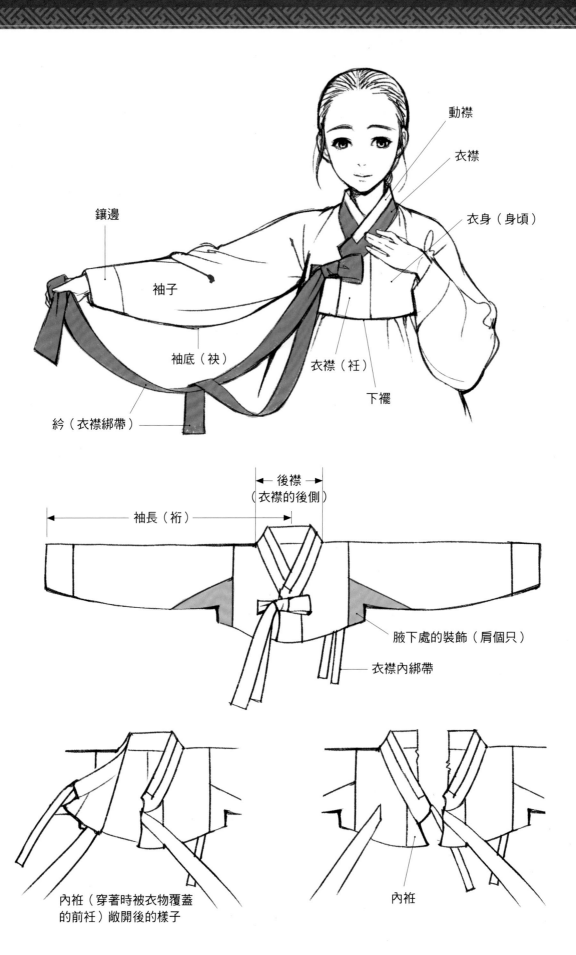

動襟

衣襟

衣身（身頃）

鑲邊

袖子

衣襟（衽）

袖底（袂）

下襬

絃（衣襟綁帶）

後襟
（衣襟的後側）

袖長（裄）

腋下處的裝飾（肩個只）

衣襟內綁帶

內衽（穿著時被衣物覆蓋
的前衽）敞開後的樣子

內衽

衣襟與動襟

衣襟是包住頸部的部分，也是描繪韓服時有助於強調韓服氣息的關鍵。描繪衣襟的時候，必須留意衣襟的方向以及包裹頸部的形狀。

運用英文字母的小寫y，就能夠輕易記住衣襟的方向。

日本和服會將衣襟往後拉以露出後頸

韓服的衣襟則會完全包住頸部

用白布製成的動襟會縫在赤古里的衣襟上，以避免接觸頸部的部位髒汙，動襟髒掉的話只要拆掉再縫上新的即可。

動襟比衣襟還要短。

動襟會在衣襟的外側而非內側。

動襟才是白色的。

衣襟的種類

長方形的「木板襟」（邊角形狀銳利的寬襟），會出現在朝鮮王朝初期的赤古里。

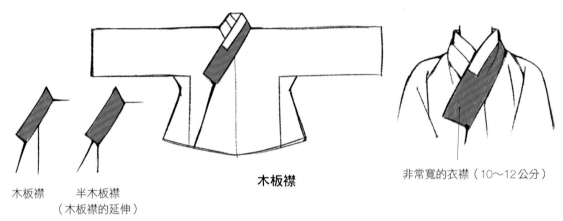

木板襟　　半木板襟
　　　　（木板襟的延伸）

木板襟

非常寬的衣襟（10～12公分）

形狀就像足衣鼻[1]的「足衣鼻襟」出現在朝鮮王朝中期，後期就躍上主流了。

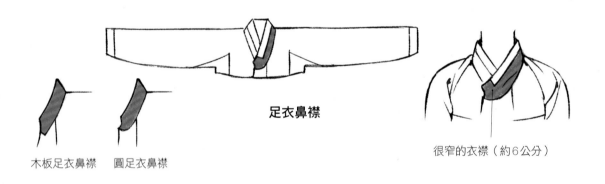

木板足衣鼻襟　　圓足衣鼻襟

足衣鼻襟

很窄的衣襟（約6公分）

1684年（肅宗10年），西人[2]分裂成老論與少論兩派，並且從服裝就能夠區分屬於哪一派別。由於衣襟是赤古里中最明顯的部分，所以當時兩個派別便調整了足衣鼻襟的形狀，以展現出黨派的特色。

老論派與少論派

盤得較鬆的後低髮髻
幾乎要碰到肩膀

牢牢固定在後腦杓
的後低髮髻

老論派的衣襟前端較
圓，尖端突起處的面
積較大

少論派的衣襟前端有
明顯角度，尖端突起
處的面積較小

老論派的紟（衣襟綁帶／p.28）位在衣襟與衽的邊界，少論派則配置在衣襟的前端。此外老論派主要使用藍色，少論派主要使用玉色。沒想到政治竟然還能夠左右流行趨勢，實在是饒富興味。

※1：足衣前端往上摺起的部分。
※2：朝鮮王朝時代的政治黨派之一。

其他還有衣襟前端形狀如刀般尖銳的刀襟、呈弧線的圓襟。相較於自古就常用於氅衣[※3]、貼裏[※4]這類男性外衣的刀襟，圓襟則是20世紀才問世的新款式。

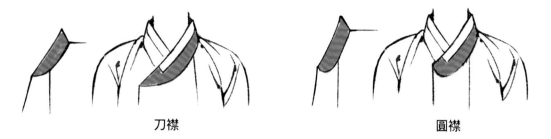

刀襟　　　　　　　　　　　　　　　　圓襟

一路看下來，想必各位也注意到衣襟的形狀比預料的還要豐富吧？衣襟位在赤古里的中央，是最顯眼的部分，要說是設計的主軸也毫不誇張。因此我在繪製韓服時，除非是需要特別考證的場合，否則我都會賦予衣襟形形色色的變化。衣襟的設計會左右整套衣服的氛圍，即使選用了最基本的衣襟，也能夠盡情享受千變萬化的設計樂趣。

各種視角的衣襟

TIP 特別留意，從右側看向衣襟時的形狀與從左側時看到的不同！要讓畫作左右翻轉的時候，就必須重新描繪衣襟才行。

※3：朝鮮王朝時代士大夫與庶民穿著的一種袍子。
※4：朝鮮王朝時代的君王與文武官穿著的長袍，上衣與裳（下衣）相連且裳有細褶。

紟（衣襟綁帶）

紟（衣襟綁帶）是赤古里等上衣前側固定用的綁帶。朝鮮三國時代（427～660年）時的赤古里長至臀部，所以是用腰帶固定，但是隨著赤古里愈來愈短，就開始需要靠紟固定了。16世紀的紟是細短的帶子，後來考量到裝飾功能就逐漸加寬加長了。

18世紀

19世紀

20世紀

TIP 紟散發出的感覺會隨著寬度與長度而異，所以創作韓服時可以將其視為赤古里的設計重點。

小巧的紟看起來端正樸素。

變寬變長的紟看起來華麗多了。

變形

以寬紟為基礎後縮減長度，增添幾分年輕氣息。

變形

增加小紟的數量，在強化裝飾效果之餘，看起來更可愛。

基本韓服的紟會綁成「P」字形。

但是想要混搭其他風格的衣物設計，打造出獨特的韓服時，可以運用緞帶的概念。

衿（衣襟綁帶）的綁法

衿（衣襟綁帶）是由一長一短的綁帶組成，赤古里左前衽的衿較長，右前衽的衿較短。下列圖示以藍色表示長衿，紅色表示短衿。

1 將短衿疊在長衿上方，使兩衿交叉。

2 將短衿繞至長衿的下方後，再往上穿過兩者之間。

3 用短衿繞出一個圈。

4 摺起長衿，接著穿過短衿形成的圈。

5 拉住長衿整理成適度的大小與形狀。

6 短衿與長衿均一致下垂就宣告完成。

袖子

赤古里的袖子通常依寬度分成筒袖與窄袖，寬鬆的版本稱為筒袖，流行於16～17世紀；展現出手臂線條的窄版稱為窄袖，主要盛行於18～19世紀初期。

16世紀：筒袖型的直袖底（下圖左）　　　　**19世紀：窄袖型的曲袖底（下圖右）**

袖子下側（相當於和服的袂）稱為「袖底」。袖底為直線時稱為直袖底、線條傾斜稱為斜線袖底，帶有圓潤弧形的稱為曲袖底。而曲袖底是在朝鮮王朝中期之後才出現的。

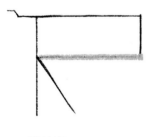

直袖底

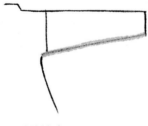

斜線袖底

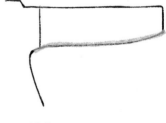

曲袖底

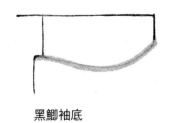

黑鯽袖底

人們提到韓服曲線時首先想到的，通常是袖子下側形狀猶如黑鯽腹部的「黑鯽袖底」，但是這其實是1920年代之後才出現的。因此繪製朝鮮王朝時代的韓服時，若是畫成黑鯽袖底就不符合史實。

韓服的特徵是平面剪裁，與立體剪裁的西服不同，攤開時會相當平坦，但是穿上後會沿著人體形成特別的線條。赤古里的袖子處一大特色，就是雙肩與腋下會形成八字形的皺褶。

穿上平面剪裁的赤古里時，會產生起始於頸部襟的八字形皺褶，形成自然的肩線。

採用立體剪裁的赤古里受到袖攏線條影響，不會產生八字形皺褶，肩線也會更加筆挺。

攤平時產生的摺痕，有時也會在穿上時顯現出來，所以繪製袖子時多活用這些線條，看起來會更像韓服。此外由曲線與直線組成的豐富褶線，能夠使整體視覺效果更加有趣。

鑲邊

赤古里的袖子前端會使用不同顏色的布料,稱為鑲邊。鑲邊主要流行於朝鮮三國時代至朝鮮王朝時代,寬度會依袖子的長度、寬度與形狀等產生變化。

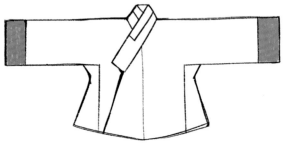

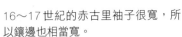

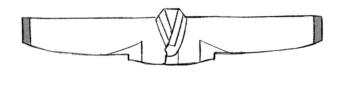

16～17世紀的赤古里袖子很寬,所以鑲邊也相當寬。

19世紀隨著袖子變窄,鑲邊也變窄了。

20世紀經過黑鯽袖底大流行後,近年又出現了許多窄袖韓服。隨著袖子形態愈來愈豐富,鑲邊的寬度也五花八門,所以這部分不必太過考究,可依設計目的加以搭配。

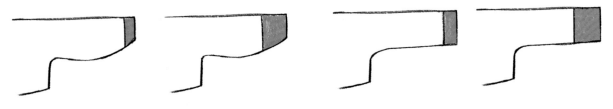

就算袖子款式相同,呈現出的形象也會隨著鑲邊而異。

TIP 鑲邊是用不同顏色的布料縫在袖口製成,繪圖時要特別留意鑲邊與袖身的連接自然感。

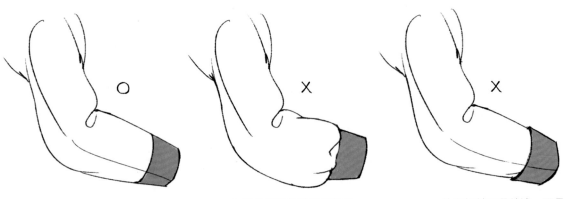

○

✗

✗

如果沒打算設計出原創的韓服,就不能搭配西式的燈籠袖!

這種設計不是鑲邊,而是袖墊(下一頁)。

袖墊

韓服中很常與鑲邊搞混的就是「袖墊」。唐衣或三回裝赤古里的袖口縫有白色的布料，通常是用兩層且寬約6～8公分的白色絲綢或棉布製成，中間則會墊上韓紙，稱為袖墊。最早是因為禮法認為不能在地位較高者的面前露出手，所以會在袖口縫上增長用的布料，後來又逐漸發展出防袖口髒汙等功能。

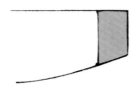

袖口縫上不同顏色的布料，稱為鑲邊。

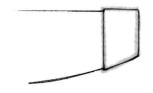

袖口內側縫上布料後再外翻至袖口「表面」，稱為袖墊。

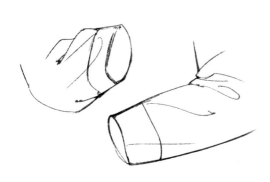

完全相連的鑲邊，會產生自然的皺褶。

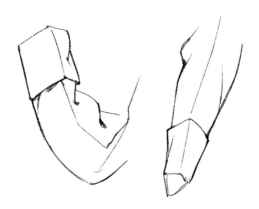

袖墊會稍微浮起，所以袖墊與袖身的細褶不會相連。

袖墊僅有士大夫階層的女性可以使用，而宮廷日常服裝「唐衣（小禮服）」也一定縫有袖墊。到了1900年左右，買不起昂貴的闊衣與圓衫的庶民，會為最外側的婚禮用赤古里縫上袖墊，以代替正式的禮服。

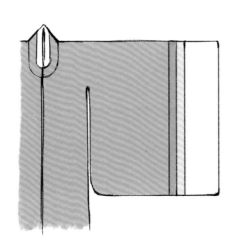

闊衣與圓衫這類大禮服的袖口白布同樣用來遮手，但是稱為「汗衫」，不屬於袖墊。

肩個只（腋下處的裝飾）

肩個只（腋下處的裝飾）登場於16世紀，最早是縫在赤古里身側，藉此加寬衣物以便行動，後來又考量到裝飾效果，在17世紀後半將肩個只的上側拉高至腋下處，並於19世紀擴張到袖子，藉此打造出手臂更纖細的視覺效果。

肩個只隨著時代產生的變化

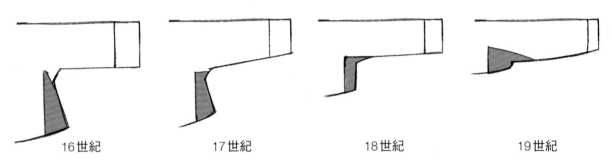

| 16世紀 | 17世紀 | 18世紀 | 19世紀 |

肩個只是彰顯身分的方法之一。肩個只、鑲邊、衣襟、衿（衣襟綁帶）使用不同色布料的韓服，稱為「三回裝赤古里」，僅士大夫階級的女性可以穿著。只有鑲邊、襟與衿使用不同色彩時，則是一般女性穿著的「半回裝赤古里」。整件赤古里同色，未使用他色布料時則稱為「珉赤古里」，為庶民的裝束。

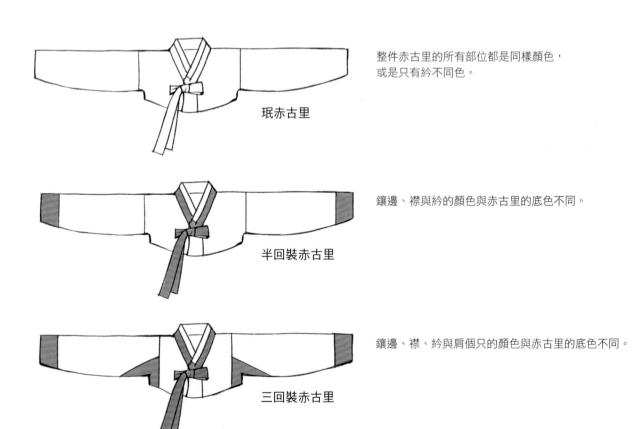

珉赤古里

整件赤古里的所有部位都是同樣顏色，或是只有衿不同色。

半回裝赤古里

鑲邊、襟與衿的顏色與赤古里的底色不同。

三回裝赤古里

鑲邊、襟、衿與肩個只的顏色與赤古里的底色不同。

朝鮮王朝時代能夠透過三回裝、半回裝赤古里的紛、鑲邊、肩個只與襟的顏色，判斷婦女身分與家庭關係。已婚少婦穿著的半回裝赤古里，通常會使用藍色的鑲邊（或是赤紫色）、赤紫色的衣襟與紛，接著會隨著年齡與家庭成員變動慢慢換成只有紛＆鑲邊、鑲邊＆衣襟、衣襟＆紛是赤紫色。似乎年紀愈長，就愈不會使用有顏色的衣襟。

各部位顏色的範例

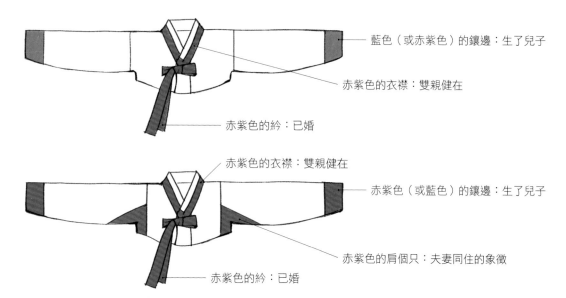

藍色（或赤紫色）的鑲邊：生了兒子

赤紫色的衣襟：雙親健在

赤紫色的紛：已婚

赤紫色的衣襟：雙親健在

赤紫色（或藍色）的鑲邊：生了兒子

赤紫色的肩個只：夫妻同住的象徵

赤紫色的紛：已婚

＊各部位代表的意義眾說紛紜。

依身分規定的服飾禁制中，妓生※的服裝規範比較自由。妓生一般不能穿著三回裝赤古里，僅允許穿著半回裝赤古里。但是仔細觀察18世紀後半風俗畫畫家申潤福的作品，卻可看見有妓生似的女性穿著三回裝赤古里。此外也有妓生使用了藍色的鑲邊，暗示自己生了兒子。

※：朝鮮王朝以前的朝鮮半島中，專門接待高官、表演樂曲的藝妓。

裙的構造

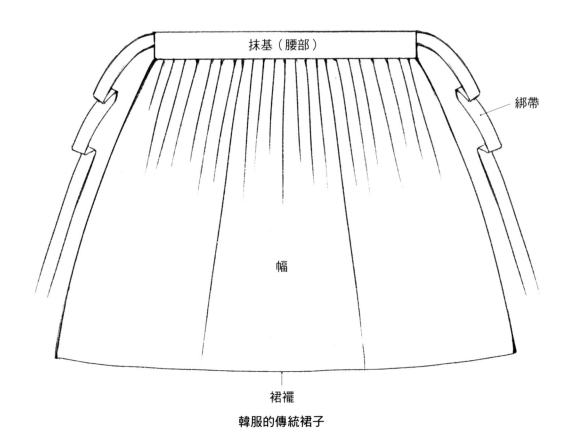

抹基（腰部）

綁帶

幅

裙襬

韓服的傳統裙子

韓服的裙子是由多片布料銜接而成，朝鮮王朝時代的織物平均寬度為35公分，因此12幅的裙襬長度約4公尺。

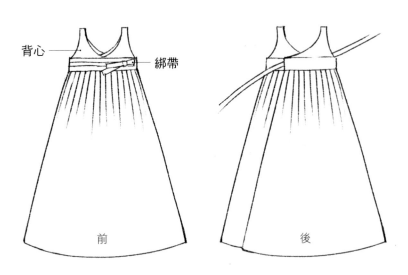

背心

綁帶

前

後

現代最常穿的背心高腰裙

很多人都以為形狀如圖例的裙子就是韓服傳統的裙子，但是這其實是19世紀末的鼎盛時期，由梨花學堂（現在的梨花女子大學）校長珍妮・華特，為了讓學生們自由參與體育活動等所改良的。

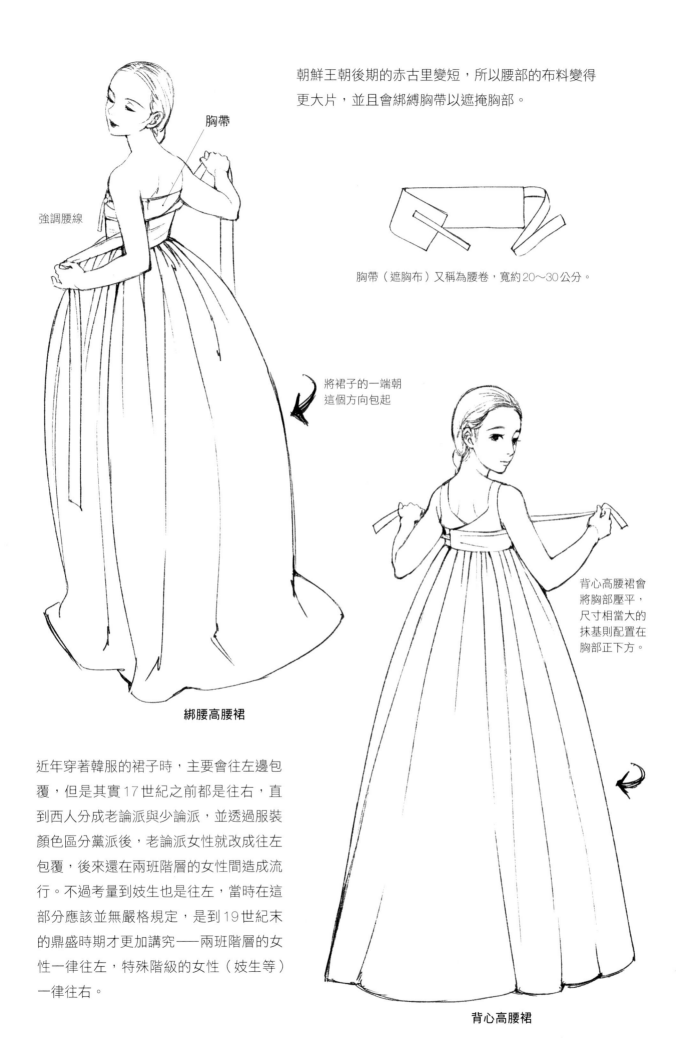

朝鮮王朝後期的赤古里變短，所以腰部的布料變得更大片，並且會綁縛胸帶以遮掩胸部。

胸帶

強調腰線

胸帶（遮胸布）又稱為腰卷，寬約20～30公分。

將裙子的一端朝這個方向包起

背心高腰裙會將胸部壓平，尺寸相當大的抹基則配置在胸部正下方。

綁腰高腰裙

近年穿著韓服的裙子時，主要會往左邊包覆，但是其實17世紀之前都是往右，直到西人分成老論派與少論派，並透過服裝顏色區分黨派後，老論派女性就改成往左包覆，後來還在兩班階層的女性間造成流行。不過考量到妓生也是往左，當時在這部分應該並無嚴格規定，是到19世紀末的鼎盛時期才更加講究——兩班階層的女性一律往左，特殊階級的女性（妓生等）一律往右。

背心高腰裙

朝鮮王朝時代前期的裙

朝鮮王朝時代前期的禮服用裙，分成前短後長型與裙襬摺疊型。

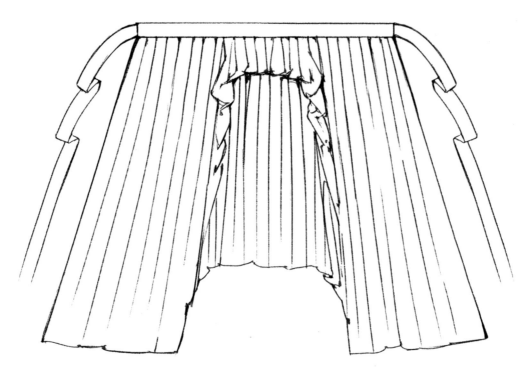

前短後長型
裙子中心往上摺起，藉此打造出前短後長的造型。

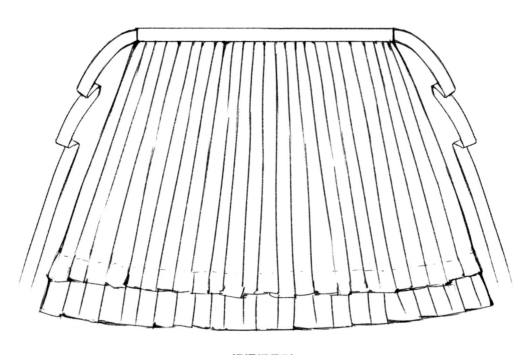

裙襬摺疊型
整體裙襬摺起打造出雙層造型。

前短後長型的裙子，會反摺前側的裙子並縫
起，打造出前側相當短、後側則拖至地面的
視覺效果。兩側的邊端再摺成荷葉邊，就能
夠自然增添裙子的分量感。

側面的模樣

裙襬摺疊型會將整體裙襬均勻摺起，演繹出雙
層裙的視覺效果。如此一來，不僅裙襬能夠收
得很整齊，雙層的部分還極富裝飾效果。
前短後長型與裙襬摺疊型都屬於裙子較長的禮
服，但是並不會造成步行的困擾，因此據信日
常中也會穿著。

朝鮮王朝時代後期的裙

到了朝鮮王朝時代後期，隨著赤古里的長度變得極短，不僅抹基跟著尺寸放大，女性們也開始使用胸帶。並且為了應付胸帶無法完全遮掩胸部的問題，出現了將裙子夾在腋下或是拉起來遮住胸部後以腰帶綁起。這種赤古里短且貼合上半身、下半身則藉由曲線豐富的裙子讓臀部看起來更豐腴的穿法，就稱為「下厚上薄」。

強調臀部！

露出裡面襯褲「單襯衣」
或「開襠褲」（p.45）的
穿法。

將裙襬夾在腋下的模樣　　　　　　用腰帶綁好的模樣

現代的裙

現代衍生出了許多新型態的韓服，包括融合不同設計的款式與時尚韓服等，像是更大片的抹基、施有刺繡的抹基、貼裏※型的洋裝以及「簡便式抹基」這類飾品等，都是現代才有的。「簡便式抹基」很容易與胸帶混淆，但其實是很方便的懶人飾品。而「簡便式抹基」這個名詞也是現代的新詞，在朝鮮王朝時代是沒有的。

市面上也有魔鬼氈型或附有綁繩的「簡便式抹基」

穿上背心高腰裙、捲好簡便式抹基後再穿著赤古里，看起來就像穿著抹基相當大件的綁腰高腰裙。

韓國電視劇《黃真伊》這類古裝劇中出現的刺繡抹基，是由韓服設計師李英姬老師所設計的。真實的古代抹基並無刺繡。

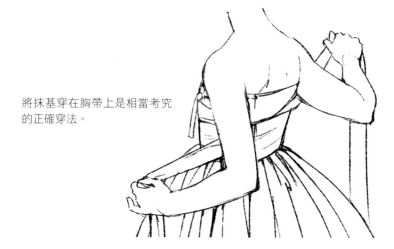

將抹基穿在胸帶上是相當考究的正確穿法。

※：朝鮮王朝時代的王與文武官穿著的長袍，
　　上衣與裳（下衣）相連且裳有細褶。

繪製裙的重點

人體為圓筒狀，所以左右
裙褶要特別密集

從正面望去時的裙褶方向

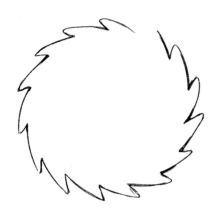

從上方望去時的裙褶方向

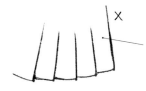

X

裙子下襬要畫出自然展開的大褶，並且要注意韓服的裙子不
像水手服的裙子，除了朝鮮王朝前期的裙襬摺疊型（p.38）
以外，裙褶都沒有延伸到下端

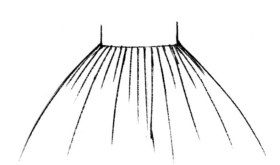

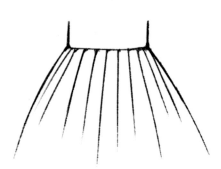

裙褶形狀隨著布料材質與尺寸多少有些不同，但是同樣可藉較密集的褶線表現出柔軟感，並使線條
逐漸往外散開以增添平穩感。請各位試著在作畫時運用這些技巧吧。

韓服都使用平面剪裁，所以裙子與赤古里一樣，不能採用與西式裙子相同的畫法。

藏在內側的
邊端

露出至表面
的邊端

韓服的裙子展開時為梯形，穿著時則為圓筒狀。
由於不像西式裙裝一樣兩側縫起，所以裙子的左
右兩端會在身後交疊。

從左側望去能夠
看見內側

站姿

內部穿有層層衣物，因此裙子輪廓蓬
鬆，但是韓服的內襯不像西服有鋼圈
撐起，所以將手擺在裙子上時，蓬起
的部分就會被壓扁

皺褶的方向

皺褶的方向

坐姿

襯褲的種類與穿著順序

1

胸帶

兜襠布

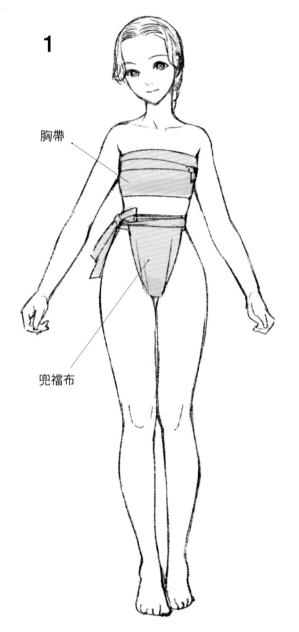

2

內襯衣

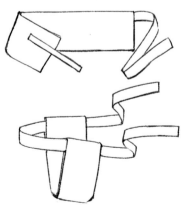

胸帶與兜襠布的功能，就如同
現代的胸罩與內褲。

褲管寬鬆的內襯衣

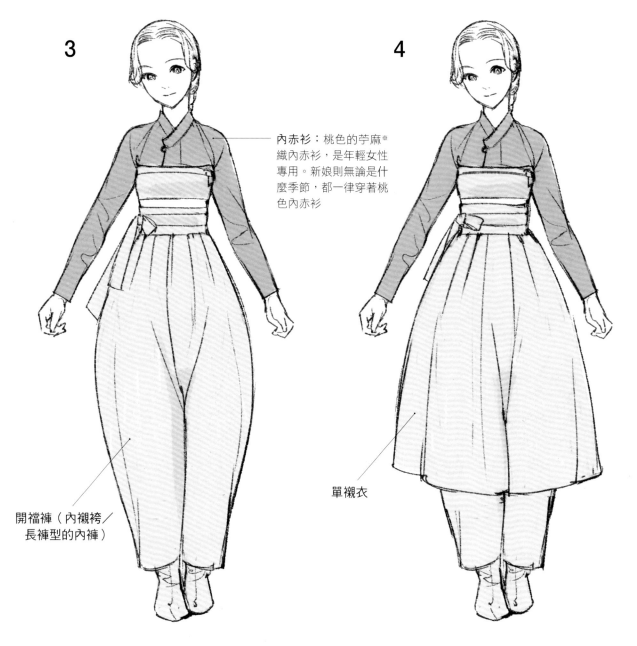

3

內赤衫：桃色的苧麻※
織內赤衫，是年輕女性
專用。新娘則無論是什
麼季節，都一律穿著桃
色內赤衫

開襠褲（內襯袴／
長褲型的內褲）

4

單襯衣

開襠褲下穿一件寬鬆的內襯衣，就能夠維持蓬
鬆的視覺效果。

掀起裙襬的時候（p.40）會露出單襯衣，所以
女性會特別選擇較好的布料。

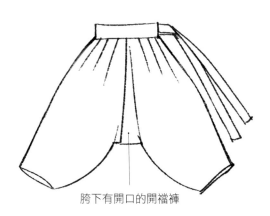

胯下有開口的開襠褲

※：蕁麻科的多年生植物

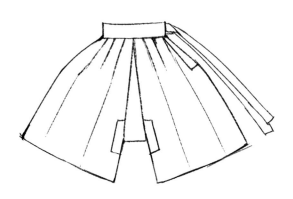

胯下間隔較寬，但是沒有開口的單襯衣

上流階級的襯褲

上流階級會先穿著p.44～45的兜襠布、內襯衣、開襠褲與單襯衣，再穿上寬褲、襯裙、彩虹無足裳。

5

6

寬褲

襯裙

寬褲的胯下間距大，前面沒有開孔、後面則開有細縫。這是上流階層著正裝（婚禮、入宮等）時會搭配的襯褲，日常不會使用。尺寸達12幅的襯裙，是用苧麻織的布料沾糨糊製成，裙襬處則設計成夾著韓紙（障子紙）的夾層，藉此讓表面的裙襬能夠維持往外蓬起的視覺效果。襯裙原本只有宮中女性著正裝時會使用，後來妓生們為了讓裙子線條更優美也紛紛仿效。

7

彩虹無足裳

彩虹無足裳為多層次裙裝，由多件長度不同、寬度皆為12幅的裙子層層疊成。由於每層裙子的顏色都不同，看起來就像彩虹一樣，所以稱為彩虹無足裳，並按照層數分別稱為三合、五合、七合。由內而外依序穿著彩虹無足裳、襯裙與一般的裙裝時，位在胸下的裙子會形成美麗的蓬鬆弧線。襯裙負責撐起裙子的下襬，彩虹無足裳則負責撐起腰部，因此這種穿法能夠演繹出站若坐、坐若站的風情。

除了上流階層與妓生外，一般女性之間也相當流行彩虹無足裳。

● 歷史文獻中也出現過將彩虹無足裳配置在襯裙內的穿法。

第 3 章

帽
類

披頭長裙

儒教思想強烈的朝鮮王朝時代，以內外法※徹底隔絕男女性。尤其朝鮮王朝中、後期更是制定了嚴格的外出限制，規定女性外出時必須用頭巾、帽子等遮蓋頭部與臉部。

披頭長裙的等級高於長衣（p.52），主要為兩班階層中地位崇高的女性穿著。朝鮮王朝後期，上流階層的女性也開始運用長衣，到了身分界線較為模糊的王朝末期，一般女性也開始使用比長衣更方便的披頭長裙了。披頭長裙主要的材質為玉色或白色棉質或絲綢。

※嚴格限制異性往來的制度，包括女性不能直接與近親以外的男性對話、外出時要避免露出皮膚等。

披頭長裙的形狀與赤古里的裙子相同，穿著時會先披在臉部周邊，再將腰部雙側的綁帶拉至下巴的下方，並且用手抓住避免披頭長裙滑落。「薦衣」與披頭長裙相似，但是尺寸比較小且附有動襟，是下流階層專用。

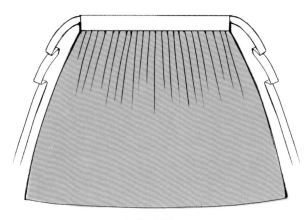

披頭長裙

薦衣

TIP 披覆方式會隨著髮型而異。

檢視申潤福畫作中的女性，會發現披頭長裙會隆起，這其實是使用了道具假髮「加髢」所致。如果是三股辮或後低髮髻就不會隆起了。

TIP 將梯形的長裙覆蓋在頭上後，還會再往前拉攏，所以前側的裙襬形狀與後側不同。

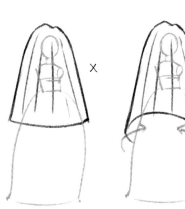

從側面看的模樣　　　　　　從正面看的模樣　　　　　　從後面看的模樣

長衣

長衣與披頭長裙一樣（p.50），都是朝鮮王朝時代女性遮掩臉部用的道具。通常庶民女性會使用長衣，兩班階層的女性使用披頭長裙，但是實際上並無特別規定。且到了朝鮮王朝後期，就不分階層均使用長衣了。

長衣在朝鮮王朝前期原本屬於男性的上衣，不知不覺間卻被女性拿來披頭，後來更在朝鮮王朝後期成為女性專用的披覆物。長衣外側通常會使用綠色絲綢或棉質，內裡則為赤紫色。袖口縫有袖墊（p.33），襟的地方則以相當寬的白布代替動襟防髒。

長衣乍看很像周衣（外套的一種），但是袖口縫有袖墊，並有赤色與赤紫色兩組紟（衣襟綁帶）。形狀如木板的襟左右對稱，前有兩層紟縫在一起，上面縫有兩三個每緝（類似中國結／p.86）鈕扣。

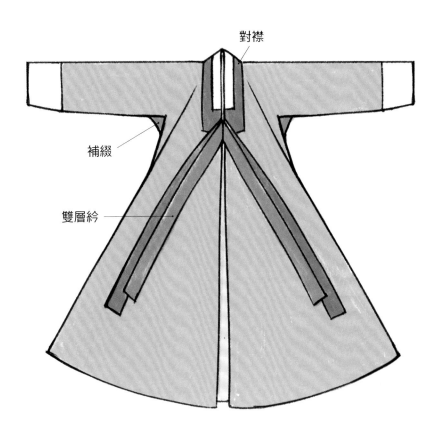

長衣的特徵是袖攏下方縫有小巧的補綴，補綴是用來加寬衣物用的布料，主要用在腋下等處以方便行動。長衣在朝鮮王朝中期之前作為外套使用，因此使用補綴，後來轉成披頭用途後仍維持相同製法，所以才會保有補綴處。

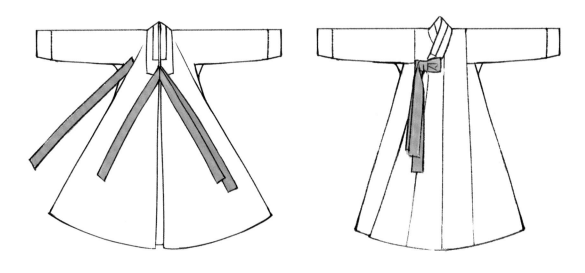

若要讓長衣兼具外套與披頭兩種功能，只要調整紟的位置即可。上面兩張圖就是按照朝鮮王朝按照最後一位王女德溫公主（1822～1844年）的長衣畫成，右圖是紟綁起時的模樣。

羅尤（遮頭布）

羅尤是宮中與上流階層女性使用的遮頭布。她們會先戴上小巧的圓笠，再從正上方覆蓋輕薄的絲綢。由於僅以單層薄布遮擋臉部，因此從內側能夠稍微看見外界狀況，從外側則看不清楚裡面。

朝鮮王朝初期的兩班階層女性騎馬外出時都會披覆羅尤，但是中後期開始大量搭轎，所以就會改用披頭長裙（p.50）或長衣（p.52）這種方便攜帶與收納的衣物。但也並非就此沒人使用羅尤，上流階層與宮中女性仍一直使用到朝鮮王朝末期。

羅尤的材質、顏色與長度都代表使用者的身分與地位，基本上黑色地位高於青色，且愈長則身分愈高貴。

宮女穿著的藍色長衫（p.127）與羅尤：出自肅宗的《仁顯皇后嘉禮都監儀軌》

羅尤是將8幅寬的布料，以傘狀的方式覆蓋在小巧圓笠上製成。圓笠左右有赤紫色與紅色綁帶，頂部則有3～4個花型飾品。

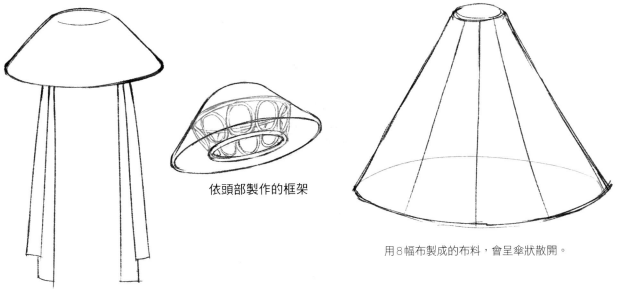

依頭部製作的框架

用8幅布製成的布料，會呈傘狀散開。

羅尤箱

羅尤是用輕薄絲綢製成，昂貴又難以保管，因此必須收在專用箱子裡。圓錐狀的羅尤箱略大於羅尤，是主要以木材製成的掀蓋型收納箱

用厚布製成的羅尤會在眼睛處縫上亢羅※這類薄布，以便看見外界狀況。

披覆羅尤時的外表

披覆羅尤時內在的模樣

※：半透明的薄絲綢

戰帽

戰帽是下流階層者外出用的帽子，主要使用的是妓生等特殊族群。戰帽的骨架有如六至十邊形的傘架，骨架上則貼有油紙，帽簷寬得足以遮蓋肩膀。戰帽中央繪有太極花紋，並以蝴蝶、花卉與漢字（如壽福、富貴）裝飾。有些戰帽會配置8個左右的蝙蝠圖案[1]以祈求五福[2]。

18世紀申潤福所描繪的《妓房無事》等風俗畫中，可以看見妓生們頭戴「遮額」（p.58）後再覆上戰帽的模樣。

妓生不同於一般女性，不受內外法限制，因此頭戴戰帽主要用來遮陽或裝飾，並非為了遮掩面孔。

※1：中國認為蝙蝠發音似「偏福」，所以視為幸福的象徵，常用來招福。
※2：長壽、富貴、康寧（平穩無事）、好德、善終（壽終正寢）。

戰帽骨架

將戰帽想像成沒有傘柄的傘，應該就好理解多了。而戰帽的骨架數量通常為14～16根。

依頭部製作的框架

戰帽內側有按照頭型打造的框架，兩側則有黑色的絲綢綁帶，會在下巴的下方打結。

妓生是最常使用戰帽的族群，所以描繪時通常會搭配華麗的加髢（道具假髮的一種）。戰帽構造乍看複雜，讓人不禁覺得難畫，但是其實只要熟悉形狀就會發現沒有想像中那麼難。

戰帽的畫法

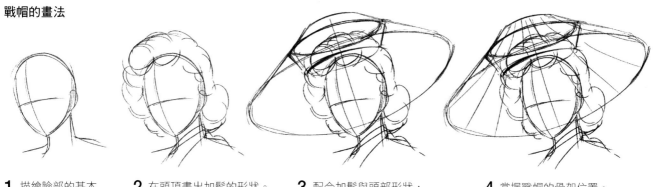

1 描繪臉部的基本形狀。

2 在頭頂畫出加髢的形狀。

3 配合加髢與頭部形狀，決定好框架的位置，畫出概略的戰帽形狀。

4 掌握戰帽的骨架位置。

5 依頭部畫出頂部的圓框。

6 整頓線條，擦掉被擋住的部分即大功告成！

遮額

遮額是主要由醫女與妓生等特殊階層使用的帽子，看起來就像頭上頂著黑色方板。

至朝鮮王朝前期為止，還有兩班階層的女性會使用，但是據信第15代國王光海君（在位期間1608～1623年）中期後此階層開始流行簇頭里（p.73），所以遮額就成了僅下流階層或特殊階級使用的帽子。

遮額是用寬約2尺2寸（約65公分）的黑色或紫色絲綢製成，會將絲綢折成兩層夾住厚紙以維持平坦形狀。配戴時會從額前掛至頭上，使其從頭頂往後垂，有時甚至會垂至肩膀或背部。

前面

側面

光海君時代之後也有簇頭里形的遮額，
會在與前側頭髮相接處使用棉質內裡

斗笠

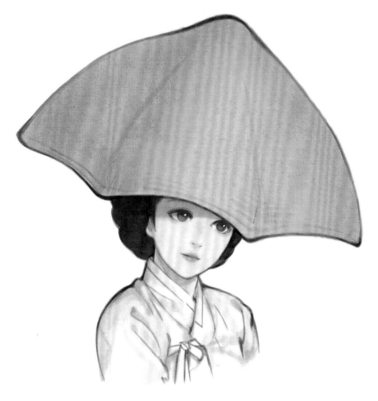

斗笠的登場時機通常是農民務農、前往野外時使用，旅人也會用來遮蔽風雨或日曬等。京畿道與黃海道地區（朝鮮半島中西部）的庶民女性，也會在日常中用來遮臉。斗笠主要用削得細薄的蘆葦、竹子編織而成，但是女性遮臉用的斗笠則使用香蒲，所以又稱為「香蒲笠」。

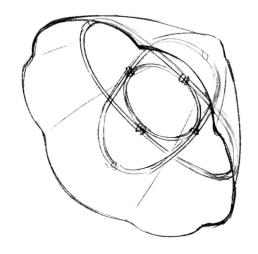

斗笠內側有配合頭圍製成的圓框（米沙里），因此能夠以嵌住的方式固定在頭上。

申潤福的風俗畫《路中相逢》（18世紀後半）、金弘道的風俗畫《街頭賣占》（19世紀）中女性所戴的笠，其尺寸與形狀都與男用笠無異。但是朝鮮王朝後期，北方（北朝鮮）為主的地區，由於庶民階層的女性會用來遮臉，所以開始出現極大的斗笠。而這種斗笠又稱為「莞草遮笠」。

喬巴維與額掩

喬巴維與額掩是19世紀後半時女性專用的防寒帽，具有高度裝飾性，主要是兩班階層的女性外出時或是庶民於正式場合使用。

頭頂部敞開

包覆耳朵

以圓潤的線條包往臉頰

頭頂部前後垂掛著穗子裝飾，左右兩側或單側會有裝飾用的線。

喬巴維

毛皮

露出耳朵

後方垂掛著大型的唐只（p.78）。

額掩

喬巴維是由黑色絲綢製成，並繡有花卉與蝴蝶等裝飾，有時會以金箔寫上壽福等字樣增添華麗氣息。額掩的上側是黑色絲綢製成，並縫有細緻的橫線，下側則以毛皮包覆且內裡為紅色。

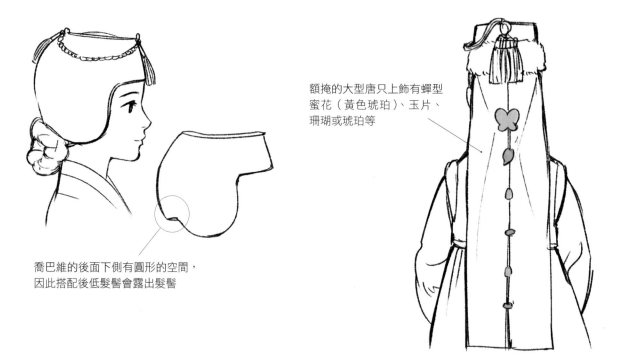

額掩的大型唐只上飾有蟬型蜜花（黃色琥珀）、玉片、珊瑚或琥珀等

喬巴維的後面下側有圓形的空間，因此搭配後低髮髻會露出髮髻

耳掩與風遮

耳掩與風遮是朝鮮時代男女通用的防寒帽,兩者形狀幾乎相同,僅差在是否有「護頰」。兩者在朝鮮王朝初期都是上流階級專用,到了後期則普及至庶民之間。

風遮擁有包覆耳朵與臉頰的護頰,耳掩沒有,而風遮的護頰平常不用時只要往後翻起並以繩結綁起即可。耳掩與風遮都是以黑色絲綢製成並有滾毛邊設計,女用版本通常使用赤紫色或藍底,並附有穗子、每緝(p.86)、繩子等。

沒有護頰

耳掩

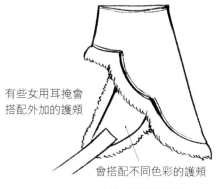

有些女用耳掩會搭配外加的護頰

會搭配不同色彩的護頰

外加護頰的耳掩

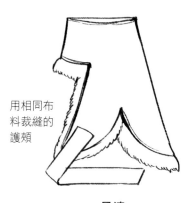

用相同布料裁縫的護頰

風遮

戴上風遮並且以護頰包覆雙頰後綁上繩結的模樣。

不需要護頰時往後翻起,再用繩結綁起固定在後腦杓。

61

兒童暖帽

九緞兒童暖帽

朝鮮王朝後期（19世紀）上流階層使用的兒童防寒帽兼裝飾品，又稱為「周歲帽」。

5歲以下的兒童不分男女都會使用。兒童暖帽的形態依地區與季節而異，主要依使用的布料顏色數量分成「三緞兒童暖帽」與「九緞兒童暖帽」，前者分布於首爾，後者分布於其他地區。

兒童暖帽會用不同顏色的長布組成，並以金箔編織具祝福意味的文字，或是繡上牡丹等花卉。有時頭頂會施加珠玉、刺繡或以花卉裝飾再加上穗子，後面則會垂著都多益唐只（p.80）。

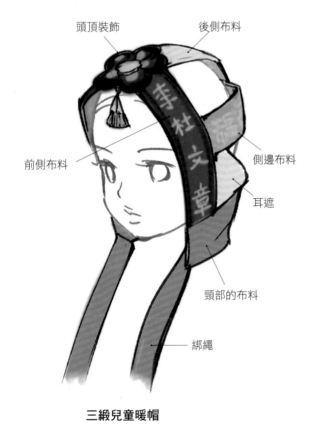

頭頂裝飾

後側布料

前側布料

側邊布料

耳遮

頸部的布料

綁繩

三緞兒童暖帽

九緞兒童暖帽
（前）

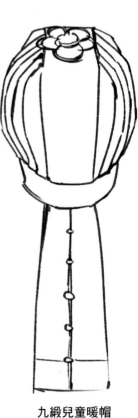

九緞兒童暖帽
（後）

第4章

髮型與髮飾

三股辮

三股辮是三國時代至朝鮮王朝時代之間，未婚男女的基本髮型。會先將頭髮從正中央分成兩側梳齊後，再分成三股編髮。三股辮的尖端會配戴唐只（緞帶／p.78），且通常會折成燕喙狀，稱為燕喙唐只※。

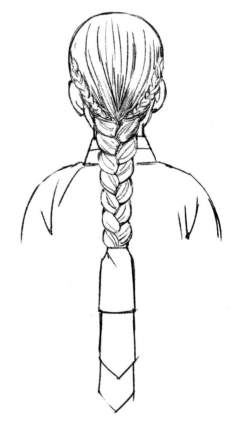

最傳統的佩戴法是將唐只與三股辮的尖端編在一起（見下一頁），但是現今都使用右圖這種簡化過的方法。

**簡化過的
唐只配戴法**

1 唐只摺起一次。

2 用繩子將唐只與頭髮綁在一起。

3 整理成覆蓋上側的形狀後即完成。

※：邊端形狀折得有如燕喙（直角等邊三角形）的唐只。

傳統的唐只佩戴方式

唐只上側
要留長一點

1 頭髮編成三股辮後，將唐只插入2/3處。

2 唐只下側與頭髮編在一起。

3 較長的上側唐只繞圈。

4 上下側稍微編在一起後打結。

三股辮的畫法

1 畫出鋸齒線。

2 從端點處繪製往上的弧線。

3 畫好所有弧線後即宣告完成。

三股辮的構造

後低髮髻

三國時代即可看見後低髮髻，但是真正普及是在1800年代初期。朝鮮王朝第21代國王英祖（在位期間1724～1776年）頒布了加髢（道具假髮的一種）禁令並開始推廣後低髮髻，雖然當時受到強烈反彈，但是到了第23代國王純祖（在位期間1800～1834年）時代的中期，終於受到已婚婦女的廣泛使用。後低髮髻是先從頭髮的正中央分成兩邊，梳齊編成三股辮後以髮髻唐只（緞帶／p.78）綁起再盤成髮髻狀，最後以髮簪（p.75）固定。而髮髻形狀會隨著潮流與身分而異。

後低髮髻的綁法

1 將頭髮編成三股辮。

2 將三股辮繞成圈。

3 用髮髻唐只固定住三股辮繞成的圈。

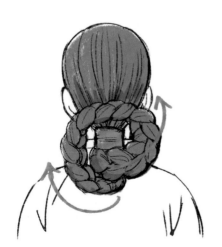

4 扭轉三股辮繞成的圈後往上提。

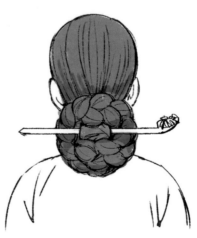

5 用髮簪穿過髮髻唐只的下側固定住。

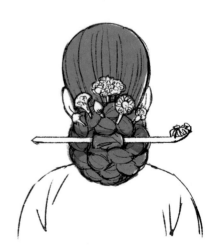

6 插入髮釵（髮飾／p.76）裝飾後即大功告成。

盤型髮髻（上髻）

三國時代至朝鮮王朝時代的髮制改革前，盤型髮髻（上髻）是已婚女性的基本髮型，並在朝鮮王朝時代開始流行以加髢增加頭髮的分量。但是隨著加髢愈來愈沉重，竟有婦女被壓到昏迷或是頸部骨折死亡，甚至有人為了購買加髢而散盡家財，因此英祖至正祖之間共頒布了24次加髢禁令。

盤型髮髻的型態分成兩班階層女性的「圍髻」與妓生的「束圍髻」（p.68），以及庶民女性完全使用真髮的「頂辮髻」。

圍髻的綁法

1 將頭髮盤在頸後。這是後續為了綁上加髢所必需的基礎（底髻）。

2 將加髢繞在頭上，並在頭髮分線的前端（頭頂處）交錯。

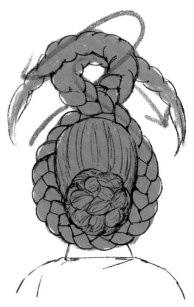

3 扭轉頭頂的加髢一次以繞出圈狀。

4 將加髢剩下的部分纏進髮髻下側，整理好形狀後即大功告成。

前面

束圍髻

圍髻（p.67）是兩班階層女性的髮型，束圍髻則是妓生的髮型。束圍髻與左右對稱的圍髻不同，非對稱型的綁法再搭配加髢，能夠演繹出豐富且極富特色的髮型。

英祖頒布加髢禁令時，將賤民階層的妓生視為例外，結果在加髢禁令的同一時期，妓生反而發展出愈來愈華麗誇張的髮型。

形形色色的束圍髻

束圍髻的綁法

1 以真髮梳成髮髻。

2 取小型加髢捲在頭上後，固定在髮髻下方。

1' 也可以將真髮與加髢編在一起後，用頭頂處的髮夾固定。

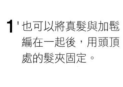

3 纏上大型加髢後，扭轉以盤在頭上，接著用髮夾與唐只（緞帶／p.78）固定。隨著加髢的用量與頭髮的扭轉手法不同，實際完成的髮型五花八門。

加髢

用真髮包覆道具，看起來有如黑色粗繩般的加髢，原本是妓生專用。因為是由許多髮束圍成的髮型，所以稱為「束圍髻」。

絲陽髻

源自於三國時代未婚女性使用的「雙髻」。朝鮮王朝後期可以看見年幼的見習宮女使用絲陽髻，但是並非所有人都能夠使用。有資格梳絲陽髻的只有在王與王妃寢室執勤的至密內人、縫製王室衣物的針房內人、負責服裝、寢具與飾品刺繡的繡房內人見習宮女（絲陽內人／p.113），其他的見習宮女（兒童內人）會綁成垂在身後的三股辮（p.64）。

絲陽髻的綁法

1 頭髮分成兩束後，分別綁成三股辮。

2 將三股辮對折後提起至後腦杓的下方固定。

3 以後腦杓下方為中心再度對折。

4 用綁帶束起。

5 綁上唐只（緞帶）。

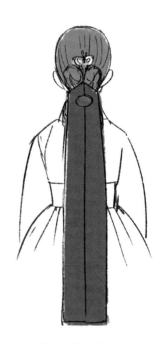

穿上禮服時搭配的唐只又長又寬，並以雄黃（硫化物礦物）裝飾。此外還會插上花蝶髮釵（髮飾／p.76）。

於由味髻

於由味髻是宮廷外命婦穿著禮服時搭配的髮型，因此王妃、公主與翁主都可以使用。而尚宮中僅有至密尚宮、兩班階層則僅有堂上官（正三品）以上的婦人才有資格。但是朝鮮王朝後期開始，連嬪妃等內命婦以及參加婚禮與盛宴的一般女性也會梳於由味髻。於由味髻會以疊紙髻為基礎，在上方配置於由味簇頭里（當作底座固定用的小冠），接著纏繞大型的加髢後以髮簪（p.75）、內簪、髮帶等固定後，以抖簪（會搖動的裝飾用簪／p.77）與髮釵（髮飾／p.76）裝飾。

於由味髻的綁法

1 首先頭髮分線的中央配戴疊紙（p.72），以便綁成疊紙髻。

2 將頭髮與疊紙左右的髮束（髮片）一起編成三股辮。

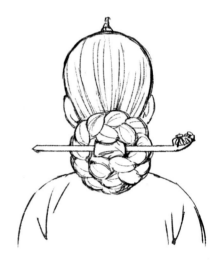

3 用唐只（p.78）綁好髮髻後，就完成了**疊紙髻**。

4 疊紙髻上配戴於由味簇頭里。

5 取兩束大型加髢纏繞在於由味簇頭里上。

6 取抖簪裝飾左右後，在中央插上先鳳簪（蝶形抖簪）即大功告成。

舉頭美髻

在於由味髻上配戴「舉頭美」的髮型，又稱為巨頭味、大首（意思是誇張的髮型）。舉頭美是木製假髮的一種，會在削切過的桐木表面刻出猶如髮結的花紋後再塗上黑漆。

朝鮮王朝中期以前都是用加髢製作，直到正祖頒布髮制改革，就變成王妃與王世子嬪以外均使用木製舉頭美。正祖以前的內外命婦不管什麼場合，都會頂著用舉頭美梳成的髮型，到了英祖時代就只有外命婦參加儀式，或是宮女參與大饗宴時使用。一般女性則可在婚禮時配戴。

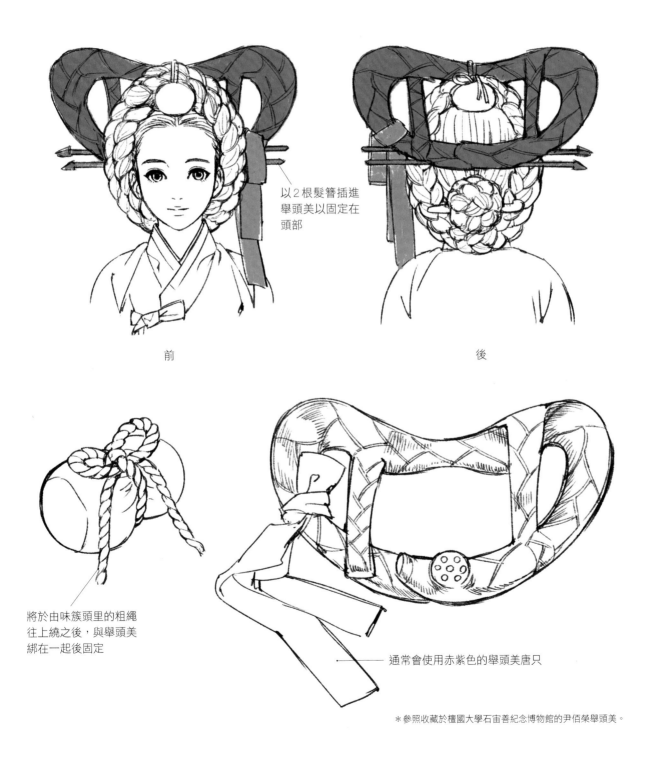

以2根髮簪插進舉頭美以固定在頭部

前　　　　　　　　　　後

將於由味簪頭里的粗繩往上繞之後，與舉頭美綁在一起後固定

通常會使用赤紫色的舉頭美唐只

＊參照收藏於檀國大學石宙善紀念博物館的尹佰榮舉頭美。

疊紙

疊紙是宮中女性與士大夫階層的女性專用髮飾。當英祖頒布加髢禁令後，鼓勵婦女使用後低髮髻（p.66）、花冠（p.74）與簇頭里（p.73），而疊紙即是這時出現的特殊髮飾。宮中女性會在日常生活中使用，士大夫階層的女性則是在穿著禮服或進宮時配戴。疊紙除了裝飾的功能外，也可用來固定簇頭里與花冠，因此不會單獨使用。配戴時，會用紅線將疊紙固定在左右垂著髮束（髮片）的絲綢底座上，再將左右髮束沿著耳後繞至髮髻下方，接著捲在髮髻上以達到固定的效果。

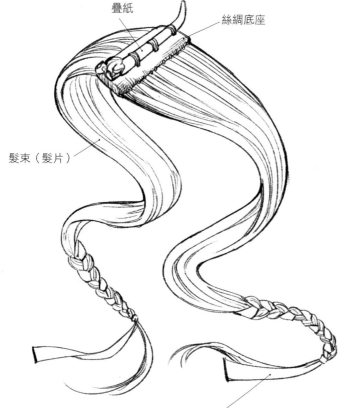

疊紙

絲綢底座

髮束（髮片）

髮束的兩側尖端都已經綁好唐只

疊紙的種類

形狀與種類依身分而異。

龍疊紙

僅王妃可以使用的鍍金品。

鳳凰疊紙

嬪妃專用，為銀製或鍍金。

蛙疊紙

尚宮使用銀製，貞敬夫人※的則為鍍金。服喪期間則會使用黑角的蛙疊紙。

※朝鮮王朝時代時，正一品與從一品文武官妻子的封號。

簇頭里

簇頭里是朝鮮王朝時代女性著禮服時配戴的髮飾，又稱「簇兜」或「簇冠」。是以6片黑色絲綢銜接而成的圓形飾品，上部略寬於下部，中間則塞有棉花。英祖時代為遏止奢侈與弊端而頒布加髢禁令，改推廣簇頭里、花冠與後低髮髻。沒想到原本藉由加髢彰顯財富與地位的上流階層，開始為簇頭里與花冠施加玉板、珊瑚珠寶、蜜花（黃色琥珀）等裝飾，反而強化了奢侈的風氣。宮中女性日常生活中即會配戴簇頭里，士大夫階層的女性則是在參加儀式時使用，平民會在婚禮時配戴。

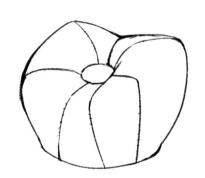

沒有裝飾的珉簇頭里

有裝飾的簇頭里

婚禮所用的簇頭里，
會在正面配置裝飾用的穗子

於由味簇頭里
梳於由味髻時使用（p.70）。

只要將中空的簇頭里覆蓋在疊紙上，
即可藉由疊紙固定簇頭里。

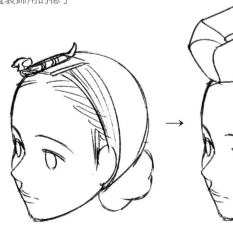

花冠

花冠是華麗的女性禮服專用髮飾之一,主要由新娘配戴。但是士大夫階層的女性穿著禮服時,或是舞妓在宮宴獻舞時也會使用。花冠自新羅文武王(在位期間661～681年)時代從大唐傳入朝鮮後,就是宮中常用的配飾,從英祖頒布加髢禁令後與簇頭里(p.73)一起取代加髢並慢慢普及化。花冠是以黑色絲綢覆蓋用紙材製作出冠狀框架,再飾以用金箔、珍珠、玉板、珊瑚與琥珀等各式珠寶與色彩妝點的穗子,不僅相當華美,造型也變化多端,冠部有四角、六角與八角等多種形狀。

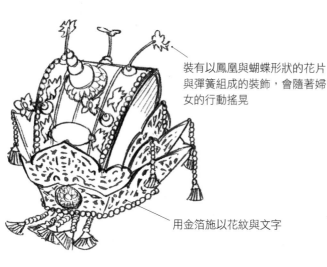

裝有以鳳凰與蝴蝶形狀的花片與彈簧組成的裝飾,會隨著婦女的行動搖晃

用金箔施以花紋與文字

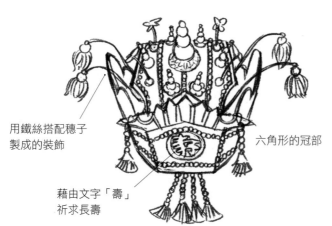

用鐵絲搭配穗子製成的裝飾

六角形的冠部

藉由文字「壽」祈求長壽

花冠簇髻

黃海道開城地區婚禮時使用的冠帽,會以金屬絲製成大型框架後塞入頭髮與棉花,接著用黑色絲綢包裹,最後插上各式各樣的花。

髮簪

髮簪是插在頭髮上固定髮髻用的飾品。朝鮮王朝後期頒布加髢禁令後，建議人們用後低髮髻（p.66）代替盤型髮髻（p.67），使髮簪逐漸普及化，並衍生出豐富的型態且益發華麗。

當時無論任何身分都能夠使用髮簪，但是材質與簪頭（頂部）裝飾則隨著階級而不同。上流階層會使用翡翠、白玉、珊瑚、鍍金、銀等，一般女性使用銀與白銅，庶民則為黃銅、動物角或骨頭。此外服喪期間會改用水牛角製成的黑角簪與木簪。

簪頭的形狀同樣會反映出身分，像龍與鳳凰等就是王妃專用，庶民女性主要會使用菇狀的茸簪、沒有任何花紋與裝飾的珉簪。

造型簡約的短簪，是庶民或日常用的髮簪

白銅茸簪

銀珉簪

翡翠珉簪

鍍金珉簪

銀琺瑯珉簪

鍍金胡桃簪

珊瑚梅花簪

銀琺瑯梅竹簪

● 髮簪會依材質與簪頭（頂部）裝飾的型態命名

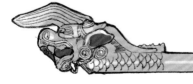

鍍金龍簪

鍍金鳳凰簪

髮釵

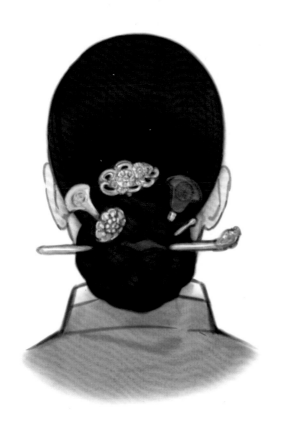

髮釵是裝飾後低髮髻（p.66）所用，只要插在髮髻上就能夠打造出優美的背影。朝鮮王朝時代的服飾特徵之一就是「強調背影」，而髮釵就是如此風氣的代表性飾品。隨著朝鮮王朝後期的加髢禁令頒布，朝廷開始鼓勵後低髮髻，並以髮簪（p.75）與髮釵象徵財富與地位，因此出現了形形色色的髮釵。

髮釵主要是上流階層與一般女性使用，材質與髮簪相同，主要有白銅、銀、珊瑚、玉、翡翠與鍍金等。最具代表性的髮釵造型為菊花形狀，但是另外也有蓮花與梅花等其他造型，此外還有兼具剔梳棒※與掏耳棒功能的實用類型。

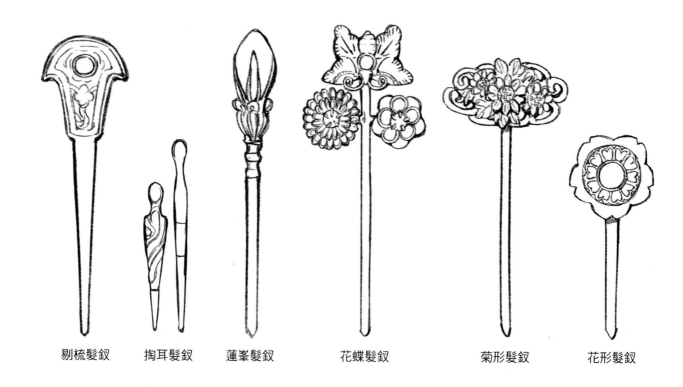

| 剔梳髮釵 | 掏耳髮釵 | 蓮峯髮釵 | 花蝶髮釵 | 菊形髮釵 | 花形髮釵 |

※：主要用來清理梳齒汙垢，也可整理頭髮分線或髮型細節。

抖簪

抖簪是朝鮮王朝時代婦人梳於由味髻（p.70）或舉頭美髻（p.71）時，會插在頭部中央與左右的髮飾。

這是極其奢華的裝飾品，僅宮廷與上流階層的人士會在參加儀式時使用，玉板上的彈簧會隨著動作晃動，因此稱為「抖簪」。

抖簪的造型分成插在中央的蝶形「先鳳簪」，以及插在左右的圓形款與方形款。抖簪會在直徑約6～7公分的玉製板狀物上，裝飾珍珠、珊瑚、琺瑯與翡翠等各式珠寶，再用金銀絲線纏繞成「彈簧」後，裝上蝴蝶、花卉或鳥兒等形狀的「花片」。

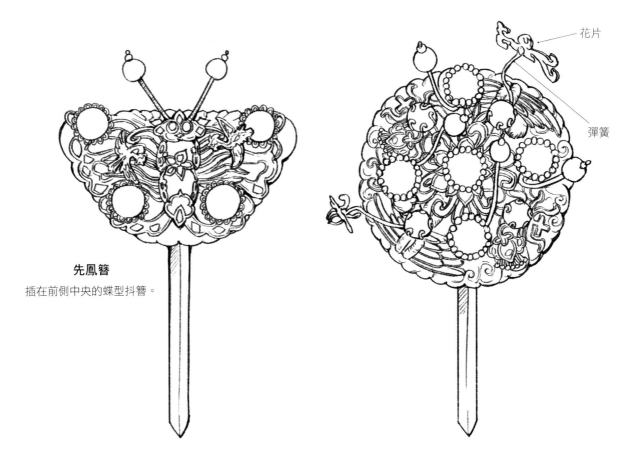

花片

彈簧

先鳳簪

插在前側中央的蝶型抖簪。

唐只

唐只是用布料製成的髮飾。當時的人們在綁垂於身後的髮辮時，會一併綁上唐只。種類包括燕喙唐只、髮髻唐只、都多益唐只、椿唐只等，未婚男女都會使用燕喙唐只。

男用唐只沒有裝飾且為黑色，女用唐只則較細短且為紅色，上面施有金箔或玉板等裝飾。

已婚婦女梳後低髮髻（p.66）時，少婦會搭配紅色唐只、中年婦女為紫色、寡婦為黑色，服喪期間則會使用白色。

未滿6歲的女童則會以都多益唐只與椿唐只裝飾。兒童用的都多益唐只，是新娘用都多益唐只（p.80）的迷你版，上部為三角形，兩者同樣稱為都多益唐只。

燕喙唐只

髮髻唐只

為了固定兒童較短的頭髮，因此會另外用線綁住

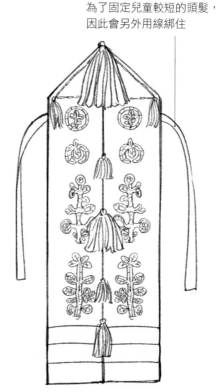

都多益唐只

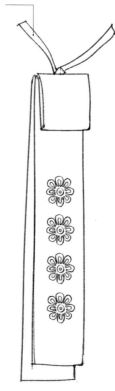

椿唐只

梨籽唐只

5～6歲以下女童梳三辮髮※或棋盤髮（下圖）時，為了保持前側頭髮整齊，會在頭髮分線上方的佩戴梨籽唐只。

梨籽唐只是在方形或圓形的絲綢上，貼設梨籽形或菊花造型的銀質裝飾後，再以琺瑯等珠寶裝飾，兩側則附有細繩。

女童出生後所使用的第一個裝飾品「梨籽唐只」，具有防止病魔與消災解厄的意義。

棋盤髮

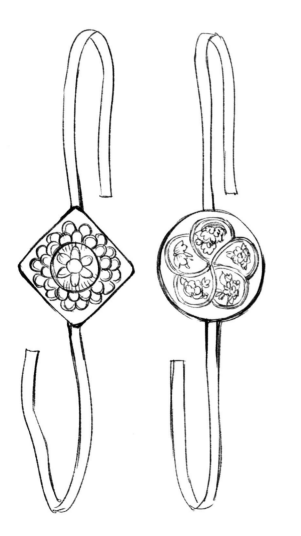

兒童的頭髮短且髮量少，因此前面頭髮中分之後，會在中央配戴梨籽唐只，再以此為中心將頭髮分成多束，看起來猶如棋盤。綁髮時會與梨籽唐只所附的細繩綁在一起並垂在後方。

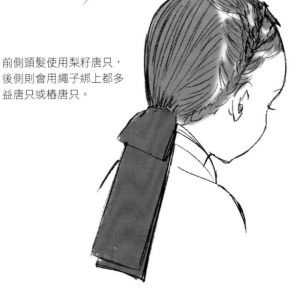

前側頭髮使用梨籽唐只，後側則會用繩子綁上都多益唐只或椿唐只。

※：兩側編成三股辮後，再與後側的頭髮一起編成更大的三股辮。

都多益唐只

宮廷或兩班家階層成親時，新娘會配戴都多益唐只或垂帶唐只（p.81）。

都多益唐只又稱為「後唐只」或「大唐只」，通常是穿上婚服（闊衣〈p.116〉或圓衫〈p.130〉）、配戴花冠（p.74）或簇頭里（p.73）後，將都多益唐只固定在後低髮髻（p.66）上，長長往下垂。都多益唐只一般是用赤紫色或黑色絲綢製成，寬約10公分、長約180公分，中央部會折成燕喙型（直角等邊三角形），看起來就像兩條並行的長帶。唐只的上部會先以玉板或雄黃（硫化礦物）裝飾，再於表面施加金箔，最後將琥珀、珊瑚與各式珠寶等縫在中央，藉此將兩條相鄰的長帶固定在一起。

垂帶唐只

垂帶唐只又稱「前唐只」或「前排唐只」，會與又稱「後唐只」的都多益唐只（p.80）成對，用以搭配婚服。寬5公分、長120公分的垂帶唐只與都多益唐只一樣都會施以金箔，並在邊端施加珍珠或珊瑚珠裝飾。

配戴時會將中央安排在髮髻上，再將唐只左右兩端繞過髮簪（p.75）1～2圈後往肩膀前方垂下。垂帶唐只之名，就源自於這種往前垂下的佩戴法。

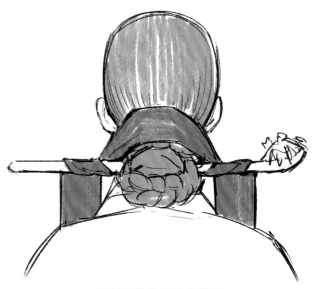

配戴垂帶唐只時的背影

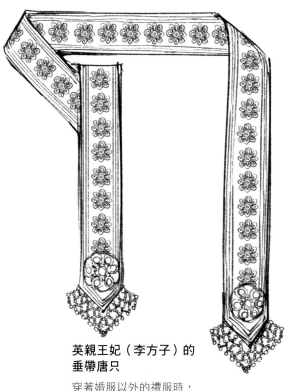

英親王妃（李方子）的垂帶唐只

穿著婚服以外的禮服時，僅會配戴往前垂下的垂帶唐只。

雅致唐只

雅致唐只是穿著禮服時配戴的飾品，主要盛行於朝鮮王朝時代後期以開城為首的西北地區（黃海道、平安道）。寬約10公分、長度達250公分以上，比其他唐只長了許多，左右兩端會捲成尖形並施以刺繡。

雅致唐只會對半摺起並繞在髮簪（p.75），兩端則以一正一反的方式朝著前方展現，因此特徵是左右兩端分別繡在正面與反面的華麗刺繡。唐只右側繡有牡丹或蓮花等花鳥紋，左側則是象徵長壽的十紋（十長生）※，華美不凡。

此外也有兩端各飾有1顆圓形珍珠的珍珠唐只，會覆蓋在髮髻上遮擋髮片與髮髻的相接處。

珍珠唐只
用珍珠與珊瑚裝飾

※：日、月、山、水、松、竹、鶴、龜、鹿、靈芝（眾說紛紜）。

第 5 章

隨身物品

平安符的構造與種類

平安符是極富代表性的裝飾品，朝鮮王朝時代女性們會將其綁在赤古里的紉（衣襟綁帶）。平安符是由每緝（類似中國結）與形形色色的裝飾品（主體）組成，下襬垂著長長的穗子。由於廣泛流行於上流階層至庶民之間，所以材料與與尺寸也會隨著身分與階級有所差異。

上流階層會使用金、銀、銅、翡翠、琥珀、珊瑚與各種玉等，以五顏六色的絲線、金線或銀線施以華美的刺繡。買不起高級材料的庶民們，則會在碎布上刺繡製作三角囊平安符[1]或頂針平安符[2]。

平安符的構造

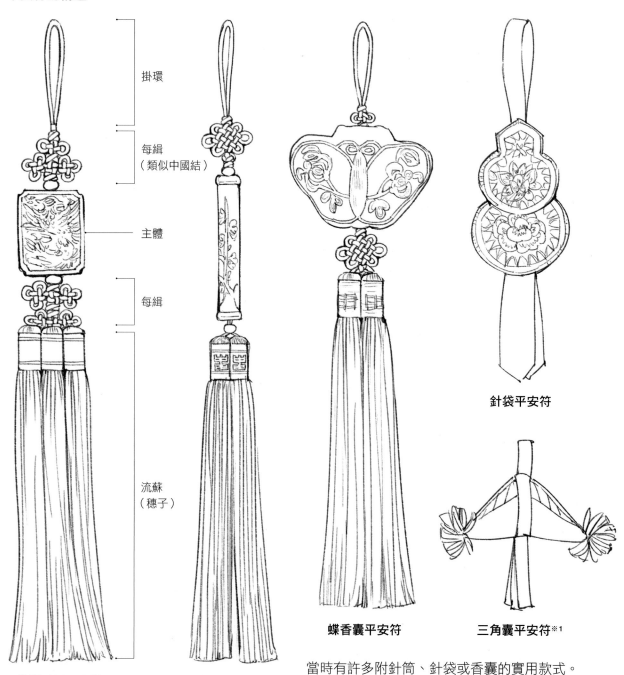

掛環

每緝
（類似中國結）

主體

每緝

流蘇
（穗子）

翡翠香匣平安符　　　　　銀琺瑯針筒平安符

蝶香囊平安符　　　　三角囊平安符[1]

針袋平安符

當時有許多附針筒、針袋或香囊的實用款式。

※1：附有三角形裝飾的平安符，具有驅魔的意義。
※2：附有布製的頂針。

三作平安符

平安符的主體只有一個時稱為單作平安符，有三個時則稱為三作平安符。單作平安符會在日常使用，三作平安符則會在參加宮中儀式、節慶或穿著禮服時配戴。

三作平安符又依內容物與尺寸分成大三作、中三作與小三作。大三作最大最豪華，用來搭配進宮參加儀式時的大禮服，中三作平安符是宮中女性與上流階層女性穿著唐衣時配戴，小三作平安符則是上流階層年輕女性與兒童配戴在赤古里衿上的裝飾。

大三作平安符

玉蝶

大三作的一大特徵，就是同時具備珊瑚、1組玉蝶與蜜花這3種裝飾

蜜花
（佛手：象徵佛的大慈悲）

珊瑚

蛸足穗子

圓穗子

穗子的款式相同，但是顏色分成紅色、黃色與藍色。

每緝

每緝的用途相當廣泛，除了平安符（p.84）外還會製成扇錘、衣服鈕扣或道袍※的綁帶，且不僅會用在服飾上，其他像是轎子、掛軸、傳統樂器、宮廷儀式與室內裝飾等也都能看見每緝登場。最初僅有宮中上流階級的人使用，到了朝鮮王朝後期就流行至民間，逐漸成為貼近日常生活的裝飾品。

雙結

最基本的結，通常用來連接不同的每緝、固定或是收尾用。

鈕扣結

形狀猶如蓮花的花苞，主要用在鈕扣上。

酢漿草結

形狀為井字型，又稱為井字結。

梅花結

梅花形狀的每緝，會運用在嬰兒服、扇錘（扇子的裝飾）、束口包（p.88）與平安符等。

眼鏡結

綁在眼鏡收納盒的繩子上。

雙錢結（淡路玉結）

每緝的邊端綁成雙錢結，看起來更加優美。

唐草結

唐草形狀，常用於平安符。

同心結

代表兩顆心合而為一，主要用在聘禮等婚禮相關事物上。

杖鼓結

形狀類似傳統樂器「杖鼓」而命為此名。

※：相當長的男用外套，身體部分是由四幅的布料組成，後面縫有展衫（方形的布），胸前有名為細條帶的含穗子綁帶。

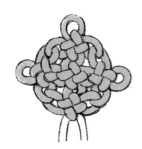

繡球結

綁5次酢漿草結即可完成，常用
於束口包或扇柄。

菊花結

菊花形狀的每緝。又稱為雙線軸結，廣泛運用在
平安符、束口包、喬巴維（防寒帽）、扇子、餐
具袋、壁掛裝飾等。此外以菊花結為基礎可衍生
出不同的線軸結，例如菊花結本身就是連打2個
結（雙線軸結），打3個即成為三線軸結、4個是
四線軸結、5個是五線軸結。

三線軸結

以菊花結為基礎，較複雜一點的
版本。

五線軸結

會用在喪輿（運棺的轎子）與轎
子的流蘇（穗子）裝飾上。

雛雞結

在菊花結兩側綁出酢漿草結所製
成，主要用於平安符上。

如意結

在三線軸結兩側各加上4個酢漿
草結所組成。

蝶結

宮廷與兩班階層常用的每緝，常
用於平安符與束口包上。

蜻蜓結

主要用在束口包、餐具袋等，尤
其是男孩使用的束口包。

蠅結

形狀類似蒼蠅翅膀的每緝。

羽結

僅取蝶結翅膀部分的每緝。莓結
也運用了這個技法。

莓結

形狀近似莓果的每緝，是酢漿草
結加上羽結組成，中央則是雙錢
結。用途相當廣泛，主要用於平
安符、壁掛裝飾、簾子等。

束口包

韓服沒有口袋，所以必須另外攜帶用以裝錢或隨身物品的束口包，主要分成圓形的「夾囊／荷包」、角狀的「角囊」，材質通常為絲綢或棉質。束口包上會施有意義吉祥的刺繡、金箔，綁帶上則會綁上每緝（p.86）裝飾，有時會搭配銀琺瑯裝飾或三角囊※。

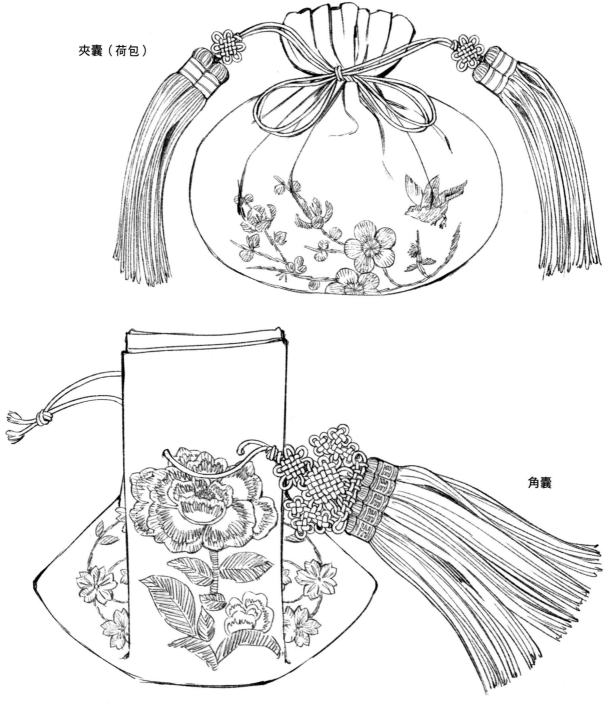

夾囊（荷包）

角囊

※三角形的裝飾，據信能夠驅魔。

雙環戒與扳指

朝鮮的戒指分成「雙環戒」與「扳指」，雙環戒是由兩個戒指為一組，僅已婚女性可以配戴，象徵著男女合和與夫妻同心。扳指僅單一戒指，無論已婚與否都可以配戴。庶民階層常用的是金、銀與銅質，用玉、瑪瑙、琥珀與珊瑚等製成的雙環戒則深受宮中與上流階層喜愛。尤其宮中還會依季節使用不同的材質，例如夏季使用玉與瑪瑙、冬季使用金等。

雙環戒

特色為內側平坦，外側具圓弧。

沒有裝飾的珉雙環戒

用玉、珊瑚與琥珀等製成，有時也會看到銅雙環戒。由於銅材相當脆弱，所以通常不會施加裝飾。

金雙環戒與銀雙環戒

扳指

特徵是上部中央處會有裝飾。

裝飾處

鑲嵌珍珠或施以琺瑯等裝飾的扳指

耳飾

耳飾在朝鮮從史前時代開始就很受歡迎，男女老少都鑽有耳洞的風氣一直維持到朝鮮王朝前期。後來受到儒教影響，男性才不再佩戴耳飾，上流階層的女性們則會在參加儀式或婚禮時，配戴掛在耳殼（由軟骨組成的外耳部分）上的耳飾。朝鮮王朝時代的耳飾是以銀環搭配銀、蜜花（黃色琥珀）等製成的天桃（象徵長壽的桃子）組成，有時還會垂著長長的紅色穗子。

以竹葉紋或梅花紋裝飾的蜜花耳飾

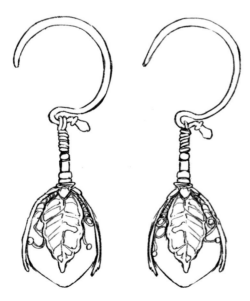

用琺瑯製成葉紋裝飾的蜜花耳飾

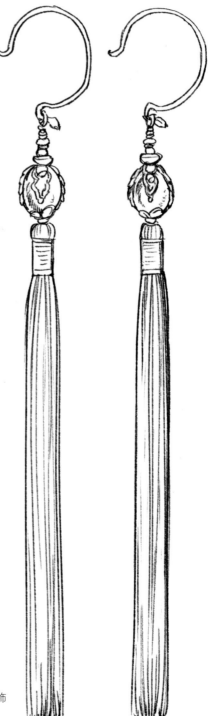

附有穗子的銀琺瑯耳飾

粧刀

隨身攜帶粧刀的習慣，是高麗時代後從蒙古傳來的。粧刀是深閨[※1]女性們的護身用品，兼具日常可用的實用性與裝飾性，因此她們會收在束口包裡，或是綁在裙子的腰帶處，有時也會當成平安符的主體。粧刀的刀柄與刀鞘材質五花八門，通常會以白銅、鍍金、香木、棗樹、竹、牛骨、黑角、龜甲、珊瑚、琥珀、翡翠、玉與蜜花等製成，並會施以華角[※2]或透雕等形形色色的裝飾。

華角粧刀　　　　竹粧刀　　　　　木雕粧刀　　　　　銀粧刀

粧刀上的筷子除了可以用餐外，
還能夠檢測食物是否有毒。

※1：女性居住的房間。
※2：將牛角削薄如紙後，再繪圖、上色並貼上木製品裝飾的韓國傳統工藝。

鈕扣

朝鮮王朝時代會用紵與腰帶固定衣服，僅有團領※1、赤衫※2等使用鈕扣。鈕扣是到19世紀末期的鼎盛時期才真正普及化，使用材質包括金、銀、玉等寶石，並會飾以蝴蝶、梅花、菊花與蝙蝠等花紋。原本使用鈕扣的只有翟衣（p.133）、長衫（p.127）、圓衫（p.130）等參加宮廷儀式的「袍類」禮服，鼎盛時期之後就連庶民階層也廣泛使用，所以也出現在馬褂子（外套）與背心高腰裙上。

用鈕扣結（p.86）編成。編有鈕扣結這一側稱為雄鈕扣，另外用線製成的鈕扣環則稱為雌鈕扣。

每緝鈕扣

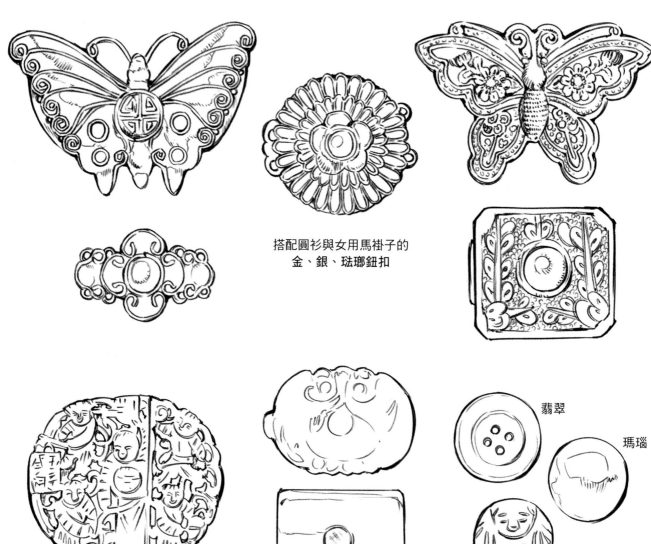

搭配圓衫與女用馬褂子的
金、銀、琺瑯鈕扣

玉背子※3鈕扣

琥珀馬褂子鈕扣

翡翠

瑪瑙

白玉

背心高腰裙鈕扣

※1：官員值勤時的官服。
※2：單衣的上衣。
※3：背心高腰裙般的上衣。

唐鞋與雲鞋

糖鞋與雲鞋是兩班階層女性專用鞋，因為她們會走在乾燥的地面上，所以又稱為「乾鞋」（男性穿著的鞋子稱為「太史鞋」）。這些鞋子的後踵護片都偏低，鞋頭稍微上抬，鞋底會先以數片麻布打底後再用華麗的絲綢包裹，並以絨布或毯※為鞋墊增加柔軟度。

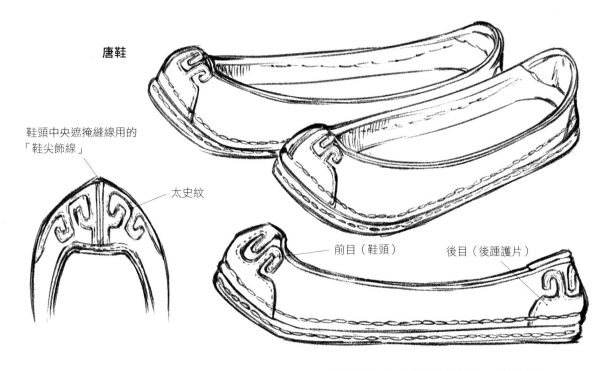

唐鞋

鞋頭中央遮掩縫線用的「鞋尖飾線」

太史紋

前目（鞋頭）

後目（後踵護片）

鞋頭與後踵護片用赤色裝飾時，稱為「紅目唐鞋」；使用青色則稱為「青目唐鞋」。

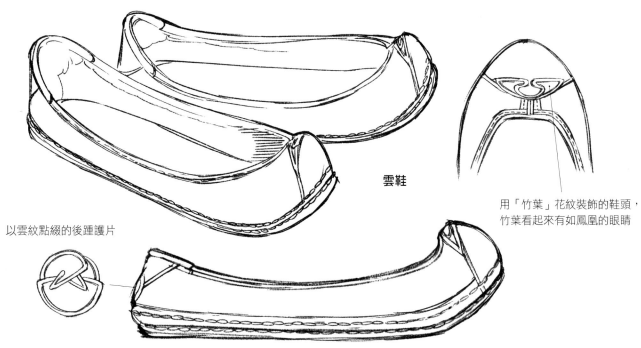

雲鞋

以雲紋點綴的後踵護片

用「竹葉」花紋裝飾的鞋頭，竹葉看起來有如鳳凰的眼睛

※：絨布是偏厚的柔軟毛織物；毯是黏著劑黏好動物毛後再壓平所製成的布料。

泥鞋與木履

下雨天或踩在溼潤地面時用的鞋子稱為泥鞋，鞋底是用多片染過荏胡麻油的皮革疊成，最底部則會打釘，屬於昂貴的高級鞋，主要是兩班階層的人在穿。

木履是利用木材製成的鞋子，最初僅是在木板上綁繩子的簡單結構，到了朝鮮王朝時代才增加後踵護片，變成鞋子的形狀。衍生出用完整木材雕塑的款式後，就開始會透過上色、上釘妝點。

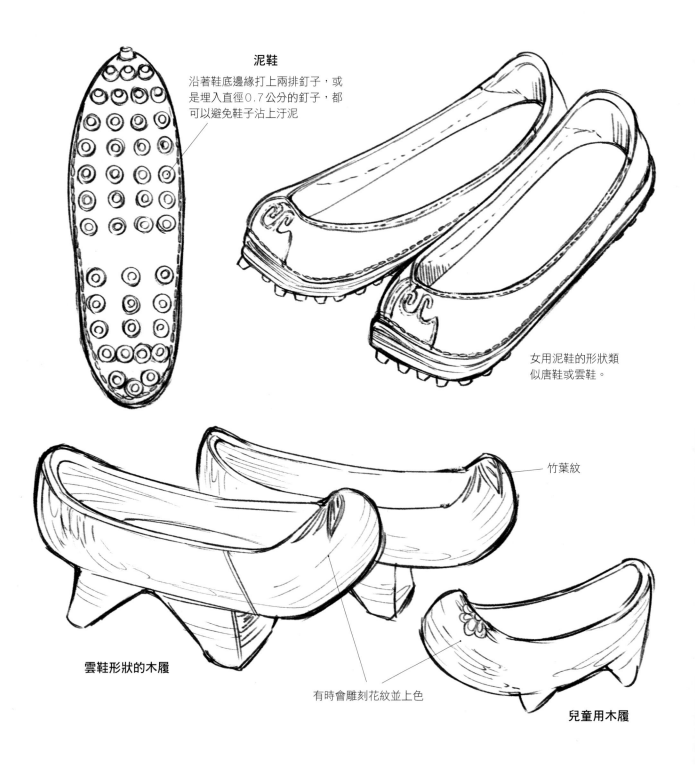

泥鞋
沿著鞋底邊緣打上兩排釘子，或是埋入直徑0.7公分的釘子，都可以避免鞋子沾上汙泥

女用泥鞋的形狀類似唐鞋或雲鞋。

竹葉紋

雲鞋形狀的木履

有時會雕刻花紋並上色

兒童用木履

足衣

足衣如同現代的襪子，款式簡約且形狀不分性別，會用韓紙依腳型打版之後再視情況調整細節。通常是用白布製成，但是國王穿著冕服※、王妃穿著翟衣時則會搭配紅色的足衣。

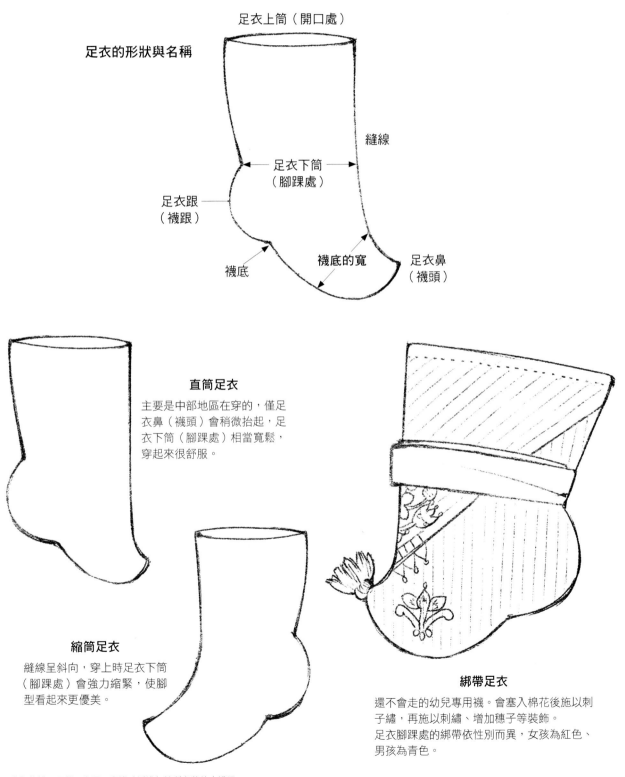

足衣的形狀與名稱

足衣上筒（開口處）

縫線

足衣下筒
（腳踝處）

足衣跟
（襪跟）

襪底

襪底的寬

足衣鼻
（襪頭）

直筒足衣

主要是中部地區在穿的，僅足衣鼻（襪頭）會稍微抬起，足衣下筒（腳踝處）相當寬鬆，穿起來很舒服。

縮筒足衣

縫線呈斜向，穿上時足衣下筒（腳踝處）會強力縮緊，使腳型看起來更優美。

綁帶足衣

還不會走的幼兒專用襪。會塞入棉花後施以刺子繡，再施以刺繡、增加穗子等裝飾。
足衣腳踝處的綁帶依性別而異，女孩為紅色、男孩為青色。

※：參加祭禮、正朝、冬至、嘉禮（婚禮）等所穿著的大禮服。

梳子

分成月梳、真梳與常套髻梳等，不僅能夠梳整頭髮還能夠插在女性的頭髮上裝飾。形狀通常是半月形或長方形，分成梳齒偏細款（真梳）與偏粗款（月梳）。梳子的材質通常為竹子或小喬木，上流階層女性使用的款式還會以翡翠、玉、龜甲或華角※等裝飾。

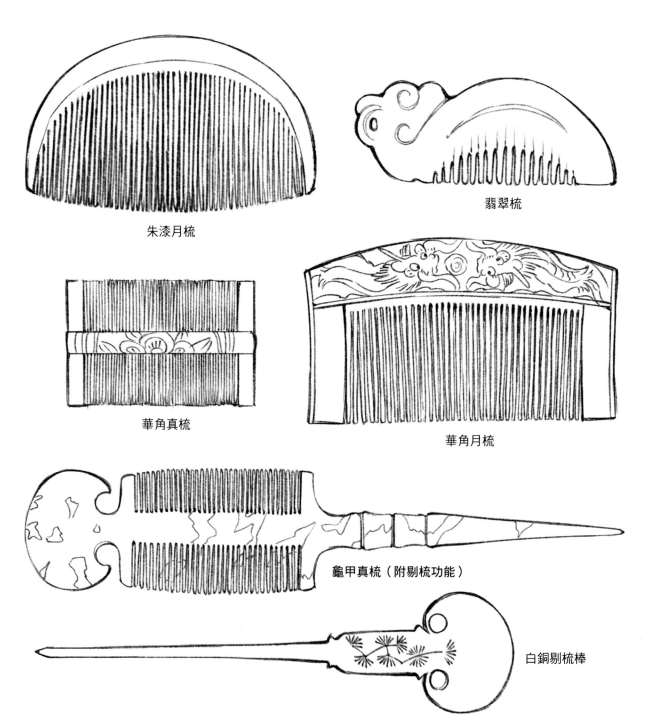

朱漆月梳

翡翠梳

華角真梳

華角月梳

龜甲真梳（附剔梳功能）

白銅剔梳棒

將圓形薄片部分插進梳齒之間能夠清理汙垢，或是用來抹開髮油；細長的部分則用來整理頭髮分線。為了在頭頂中心梳出漂亮的分線，剔梳與梳子都是不可或缺的。

※：將牛角削薄如紙後，再繪圖、上色並貼上木製品裝飾的韓國傳統工藝。

手鏡與鏡台

攜帶用的手鏡會配戴在腰部或是放進束口包。此外當時會用一種叫作「梳函」的木箱收納梳子與化妝品，在木箱蓋內貼設鏡子就成為所謂的鏡台。在朝鮮王朝初期為止的鏡子都是以青銅製成，18世紀後便引進了玻璃鏡。玻璃鏡是愈大愈昂貴的奢侈品，因此便製成小巧的手鏡與鏡台以節省支出。不僅上流階層的女性們會以手鏡與鏡台維持容貌整潔美麗，儒生※們穿戴衣冠或整理儀容時也會隨時拿出手鏡。

手鏡

男用的手鏡當中，也有一面為鏡、另一面為羅盤的類型。

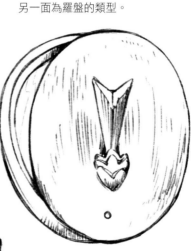

螺鈿鏡台

以螺鈿裝飾而成的鏡台，是上流階層女性的必需品，也是婚禮時最重要的家具之一。
男用鏡台用來收納綁常套（男性髮髻）時要用到的道具，當然也有照鏡子的功能，只是裝飾較少、尺寸較小。

※：學識淵博且重視禮節、遵守仁義與原則，不貪圖榮華富貴、品格高尚的男性。

袖套

戴在手臂上的護具，功能包括抗暑、防寒、固定袖子與裝飾等，男女老幼都可使用。冬天用的袖套重視防寒功能，會在絲綢中塞入棉花後縫起，或是內外都縫上獸毛；夏天用的袖套重視通風，所以會先用藤、竹、馬尾等編織後再搭配苧麻織或亢羅※，且僅有一層而已。春秋則有用棉或絲綢製成的雙層袖套。

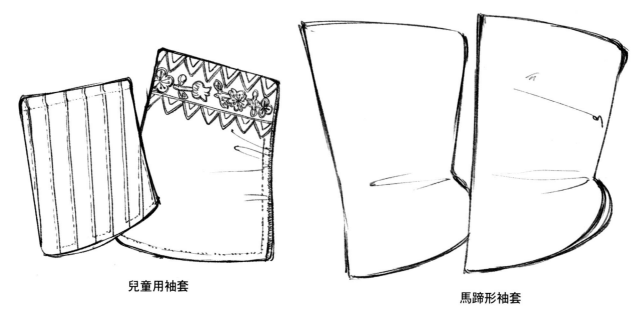

兒童用袖套

馬蹄形袖套
連手背一起覆蓋的袖套，圓形的開口猶如馬蹄。

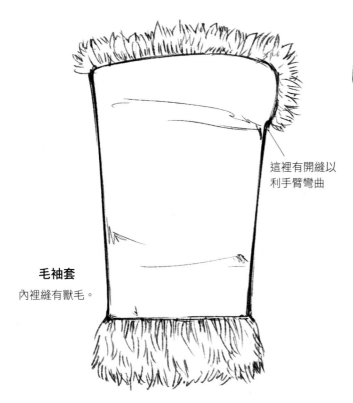

毛袖套
內裡縫有獸毛。

這裡有開縫以利手臂彎曲

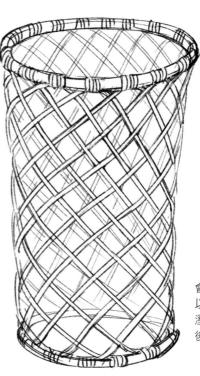

藤袖套
會穿在赤古里下面，以避免上衣的袖子汗溼。風通很好，穿戴後會很涼爽。

※：半透明的薄絲綢

98

第6章

特殊階級的服飾

妓生（妓女）

這是朝鮮王朝後期的妓生裝束。妓生雖然屬於賤民階級，但是往來的都是地位崇高的男性，因此朝廷允許她們配戴各種飾品、穿著絲綢製的服裝與皮革製的鞋子等奢侈的服飾。即使有服飾禁制但仍相對自由的妓生引領著風潮，無論是兩班還是庶民階層的女性都會模仿妓生的穿著，像是用大尺寸加髢裝飾的盤型髮髻（上髻／p.67）、身體部分的布料極短貼身的赤古里、又長又寬鬆的花苞型長裙等。

用加髢綁出一團一團的髮束後綁成的束圍髻（p.68）是妓生專用

照規定妓生是不能穿著三回裝赤古里的，但是卻沒什麼人遵守

原本用3顆珠子串成的三千珠平安符是王妃專用，但是這幅畫為了展現當時妓生的地位，所以畫上了三千珠平安符。事實上申潤福的《美人圖》也可看見如此打扮

煙管的長度與身分成正比，長煙管（長竹）曾是兩班階層的象徵

下半身的裙子層層堆疊，成了柔軟蓬鬆的形狀

由於過長的裙襬會拖到地面，因此外出時會拉起來或是用腰帶綁起，露出少許的襯褲（p.40右）

朝鮮王朝時代的妓生是隸屬於官廳的「官妓」，平常會在地方官衙宴會、高官祝宴載歌載舞，炒熱氣氛。此外宮中舉辦儀式的時候，也會聘請擅長歌舞或樂器演奏的妓生。其他像是國王出巡體察民情、外國使節來訪時，都會有妓生登場。從當時的風俗畫即可看見，官妓們騎馬前往參加這些大典時，會將名為「襪裙」的寬褲套在舞服外面。

戰笠

赤紫色的
戰服

桃色或綠色的
赤古里

玉色裙

白襪裙

襪裙

騎馬時會套在裙外的袴（褲子），可避免襯褲外露。當時僅上流階層女性與妓生能騎馬，原本也只有兩班階層的女性會穿襪裙，但是後來卻連妓生也開始穿了。

前

後

101

女伶的舞服

一般女伶穿著的舞服，是宮廷獻舞時的代表性服飾。女伶是指宮中舉辦慶祝宴會時獻舞的妓生，或是為儀式捧著儀仗的低地位女性。

以花裝飾的花冠

黃綃衫（蒙頭里）：
前後左右都有開衩，
衣襬一分為四的舞服

紅緞金縷繡帶
（紅色胸帶）

五色汗衫：穿戴
在手腕處的長袖

紅綃衫（赤色前裙）

綠色赤古里搭配藍裙

臂鞲（固定袖口用的
道具）

霞帔
（綠色布條）

跳春鶯舞※時會穿上一般女伶舞服，
再於肩膀垂掛綠色布條，使其從胸
前垂下。此外還會用施以花卉刺繡
的臂鞲纏繞至手肘以下，以固定黃
綃衫的袖口。

※：朝鮮王朝第23代國王純祖之子——孝明世子所創作的宮廷舞蹈。

劍舞的舞服

宮中跳劍舞時穿著的服飾。會先穿上名為金香狹袖的舞服再搭配戰服，頭綁盤型髮髻（上髻／p.67）後戴上戰笠。一般劍舞服則會用赤古里代替金香狹袖後再穿上戰服。

背影

戰笠

金香狹袖：
袖子很窄的蒙頭里（p.103）

赤紫色戰服：
長背心高腰裙（快子）

藍色戰帶（胸帶）

紅綃裳（赤色前裙）：
不一定會穿

藍裙

戰笠

銀製頂子

表面是用獸毛製成
的絨布※，內裡是
藍色絲綢

用蜜花製作的蟬型
裝飾品

紅色象毛與孔雀
羽毛

女伶跳劍舞時佩戴的帽子。與武官的戰笠不
同，是尖端相當尖銳的圓錐狀。

※：絨布是偏厚的柔軟毛織物。

蓮花台舞的舞服（童妓）

蓮花台舞是宮中歌舞之一，而這是童妓※表演所著的服飾。特徵是從頭到腳懸掛著許多布條，包括垂於笠（蛤笠）左右的布條、後唐只的流蘇、紅羅裳的布條（同樣為流蘇型）都會隨著曼妙舞姿搖曳，演繹出極為華麗的視覺效果。

※年幼的實習妓生，類似日本的禿。

背影

蛤笠：
裝飾有花、金鈴與
左右兩條布條

髮型：
絲陽髻
（p.69）

丹衣：
圓形衣襟，後側衣襬比
前側長，原本是紅色，
後來才換成綠色

流蘇：
唐只的一種，會將細長布
條反覆對折，看起來就像
有8條一樣

紅羅裳：
用細長碎布裝飾的紅裙

金花羅帶

白汗衫：
穿戴在手腕上
的袖子

紅綃襪裙
（褲子／p.101）

真紅緞鞋：
鞋頭有穗子

紅羅裳

流蘇

約1公尺長的單一布條。

107

僧舞的舞服

僧舞是源自於佛教儀式的民俗舞，舞者會穿著白色赤古里與藍裙，套著長袖的白色長衫（p.127）、肩披紅色袈裟，頭戴白色三角頭巾（山形頭巾）。

雙手拿著鼓鞭，因此袖子
會呈現尖出的形狀

崔瑩將軍祭程（大巨里）的巫服

巫堂（巫女）進行「祭程」這種讓神明上身的儀式時穿著的巫服。「祭程」所穿的巫服不受巫女身分影響，而是會依神明的形象穿著相對應的衣裳。這套巫服即是進行崔瑩※1將軍祭程時的服裝。

朱笠：身著戎裝（軍服）時會配戴的朱色帽子

青色的貼裏※2

綠色裙子

黃色鞋子

※1：高麗末期的名將（1316～1388年），是巫女信仰的人神崇拜對象之一。
※2：朝鮮王朝時代的國王與文武官穿著的長袍，上衣與裳（下衣）相連且裳有細褶。

帝釋祭程的巫服

以插圖說明的《巫黨來歷》（19世紀）介紹了12種首爾的巨里（祭程），其中一種就是本頁介紹的帝釋巨里（象徵檀君聖祖※），而進行跳神儀式時所穿著的巫服就是本頁這一套。巫堂（巫女）會頭戴白色三角頭巾（山形頭巾），身著白色長衫（p.127），肩膀與腰帶則綁著紅帶。

紅帶從肩膀斜披至腋下，接著再以另一條紅帶連同原本的紅帶綁在腰上

紅色的裙子與赤古里

※傳說中古朝鮮的君主。

神將祭程的巫服

《巫黨來歷》（19世紀）介紹的巫服之一，神將祭程所穿的服飾。巫女會身著白裙、黃色同多里與黑色戰服，腰上綁藍色腰帶，頭戴戰笠，雙手拿著共5種顏色的五方旗。

戰笠：
朝鮮王朝時代的
武官帽子

同多里：
軍服之一，袖子很窄，
會穿在戰服之下

水賜伊（低等僕役）

協助宮女打雜的水賜伊服裝。染成鴉青色（接近黑色的青色）的裙子與赤古里，會以同色的寬帶將裙子的中間部分往上綁起。朝鮮王朝後期的女性赤古里變短也更加貼身，但是水賜伊的赤古里仍如男裝般又寬又長。頭髮則會綁成高起的圓髻，形狀猶如坐墊。

絲陽內人（實習宮女）

宮中女性內人（宮女）中最接近王族的至密內人、製作宮中服裝的針房內人、負責刺繡的繡房內人的實習宮女，都屬於絲陽內人。由於她們在冠禮※之前都會綁絲陽髻，因此稱為絲陽內人（實習宮女）。隸屬於其他房的一般宮女們則會如尋常未婚年輕女性，採用垂在身後的三股辮。絲陽內人的服裝則為一般的赤古里加裙子。

通常是黃色三回裝赤古里（p.34）搭配紅裙，但實際上並沒有特別規定，歷史文獻可看見軟豆色赤古里與深桃色裙子、桃色赤古里加藍裙等

赤紫色的唐只

絲陽內人（實習宮女）中地位最高階的至密內人，會配戴長至可遮擋臀部的唐只。針房內人與繡房內人的唐只則比較短

裙襬會拖到地面，與一般裙襬不同

三回裝赤古里一定會使用赤紫色

※：朝鮮王朝時代的宮女們綁上後低髮髻後插上疊紙（p.72）的儀式。

一般內人與至密內人

蛙疊紙（p.72）

月子髻※：
藉由髮片增加髮量
後，再梳成如海螺
殼的圓形髮髻

於由味髻（p.70）：
至密尚宮（待令尚
宮）與至密內人白
天在寢殿工作時，
都會梳於由味髻

赤紫色的三
回裝赤古里
（p.34）

玉色赤古里
藍裙

肩莫伊（上衣）：
身體處的布料如唐衣
（p.122）般相當長，
但是腋下的布料完全
封閉，等級也比唐衣
低。通常會先穿著藍
裙與玉色赤古里後，
再套上一件肩莫伊

一般內人

至密內人

至密內人的日常服裝與一般內人相同，但是和針房內人、
繡房內人一樣，裙子都比較長。

※：宮廷女性與兩班階層女性進宮或是參加喜事、儀式等的時候會梳的髮型。

尚宮

尚宮中地位最高的提調尚宮，奉御命管理與監督內殿※的起居事務。提調尚宮與至密尚宮平常白天工作時都會梳於由味髻，並與一般尚宮一樣都穿戴月子髻與蛙疊紙。但是一般尚宮佩戴的是銀蛙疊紙，提調尚宮則是鍍金的蛙疊紙。

唐衣下穿的是玉色二回裝赤古里（藍色鑲邊〈p.32〉與赤紫色衿〈p.28〉）。通常成為尚宮時都已經年過40，因此人們也將這套服裝視為專屬年長女性的裝束。

深綠色唐衣的袖口配戴著白色袖墊（p.33）

※：宮中王妃與妃嬪居住的場所。

闊衣

闊衣以深紅色的布料為底色，刺有祈求長壽與福氣的豪華花紋，並附有彩段（彩色的線條）與汗衫（假袖）。原本是專屬王女（公主與翁主）的婚服，後來上流階層的女性也開始穿著，漸漸地也允許庶民使用。

配戴花冠（p.74）或
簇頭里（p.73）

頭髮會以大型髮簪（p.75）、垂帶唐只（p.81）或都多益唐只（p.80）裝飾，而平常僅王妃可以使用的龍簪，也開放給一般女性於婚禮時配戴

闊衣裡面會先穿上桃色的內赤衫（內衣），再穿上黃色的三回裝赤古里（p.34），有時還會加穿綠色赤古里與綠色唐衣（p.122）

王女會在藍色膝襴裙（p.131）外穿上一件紅色大襴裙（p.131），庶民女性則僅穿著紅裙

闊衣會藉形形色色的花紋刺繡增添奢華氣息，其中鳳凰紋象徵夫妻恩愛、牡丹象徵富貴、蓮花象徵生殖與繁榮，蓮子則象徵多產與豐饒。

背影

紅帶（腰帶）會透過內側的線固定住，剩下的部分垂於身後，並於中間處再打一次結

攤開時的模樣

彩段（彩色的線條）

汗衫（假袖）

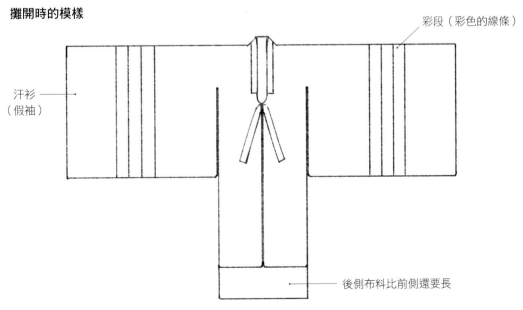

後側布料比前側還要長

綠圓衫

圓衫（p.130）是王族專用的服裝，其中綠圓衫原本是王女（公主與翁主）專用，後來又成為士大夫女性的禮服。朝鮮王朝後期與闊衣一起開放，允許庶民女性用來當作婚服。宮中穿著圓衫時會搭配前香上裳（p.131），士大夫中的兩班階層則會搭配圍裙（前掛）式「上裳」，堂上官（正三品）以上的婦女會穿著紫裙，堂下官的婦女則會穿著青裙。

衣服本身與紅色絲綢腰帶都施有金箔文字與花紋，但是庶民當作婚服使用時，不得施以金箔裝飾

上裳：裙子的裝飾（膝襴／p.131），僅配置在局部，不會覆蓋整件裙子

上裳

118

開城地區的圓衫

開城地區的民間婚服，是以綠圓衫搭配紅色飾邊。相較於宮中使用的圓衫，這套服裝未施金箔裝飾，尺寸與材料等都較為樸素，但是袖子的彩段（彩色的線條）範圍較廣，還會配戴名為「花冠簇髻」的獨特花冠（p.74）與雅致唐只（p.82），看起來更加豪華。

花冠簇髻：
以金屬絲製作框架後，塞入頭髮與棉花後用黑色絲綢包起來，最後以五顏六色的人造花裝飾

雅致唐只

衣服前後的長度幾乎相同

少了汗衫（假袖），袖子形狀帶有圓弧

袖口與衣服的前後側都有以紅布飾邊

藉由另外佩戴在手腕的汗衫遮擋手部

119

宵衣

朝鮮王朝初期，兩班階層與庶民階層女性的禮服。外黑內白，腰部纏著紅邊大帶，身上配戴的平安符（p.84）結合了大型每緝（p.86），頭頂則使用以黑絲綢製成的「紗」。宵衣的裙襬有紅色飾邊時稱為袡衣，主要當作婚服使用，並會搭配以紅邊環繞的背子（背心），頭上會配戴形狀猶如簇頭里（p.73）的冠帽。

大帶

條帶：
用五色線製成

平安符上綁著
錐子等各式生
活用品

第7章

宮廷服飾

唐衣

屬於宮廷的小禮服，是王族女性的日常服裝。稍加調整材質與裝飾後，就成為內外命婦的禮服了。未施加金箔的綠色唐衣，是兩班階層婦女進宮時的禮服，也是庶民階層的婚服。

遇到特別講究的正式場合時會配戴花冠（p.74），平常僅會使用疊紙（p.72）

袖口附有白色的袖墊（p.33）

因為是小禮服，所以會搭配無裝飾的珉裙或膝襴裙（p.131）

夏季唐衣

又稱為單衣的唐衣。若王妃在端午前一天換上白色的夏季唐衣，宮中其他女性就可以在端午當天換上單衣的唐衣。此外在秋夕（中秋節）前一天，王妃也會率先換上雙層唐衣。

夏季會先穿上內赤衫（襯褲）、中衣（內衣）與赤古里後再穿上唐衣

採用縫線細密的繚縫手法，因此下襬邊端尖起的部分會自然捲起

唐衣的構造

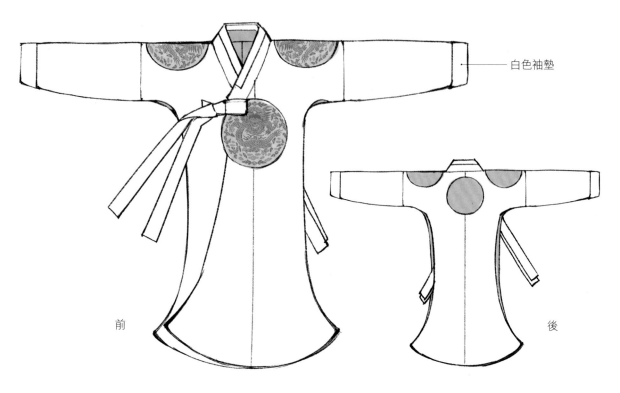

前　　　　　　　　　　　　　　　　　　　　　後

白色袖墊

妃嬪與王女的唐衣會加上金箔裝飾，雙肩、胸口與背部都會有稱為「圓補」的刺繡圓布。王妃的圖騰是傳説中的五爪龍，世子嬪、公主與翁主則為四爪龍。公主與翁主成婚離宮後，就不能再使用龍補（龍圖騰的圓補），會改成鳳凰胸背※。

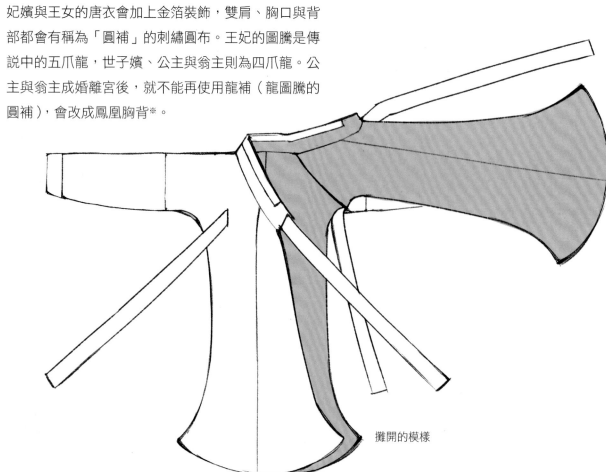

攤開的模樣

※：配置在胸口與背部的刺繡方布，使用的圖騰依品階訂有詳細的區分。

唐衣的構造變化

17世紀

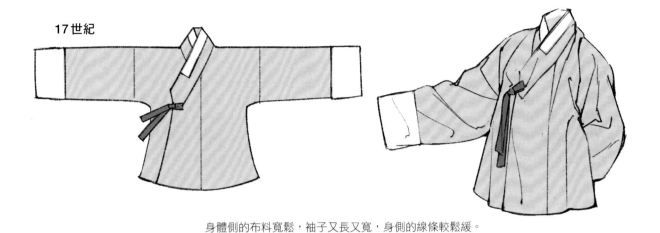

身體側的布料寬鬆，袖子又長又寬，身側的線條較鬆緩。

18世紀

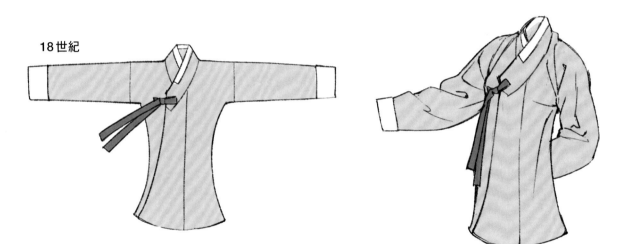

整體布料變窄，袖子也縮短了，身側也產生了曲線。

19世紀

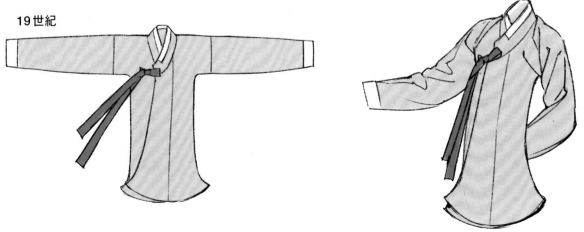

身體前側的布料變窄，身側的下襬變尖，整體線條看起來更狹長。

團衫

朝鮮王朝的國王與王妃都穿著初期由大明帝國贈送的禮服，團衫就是其中之一。衣襟為圓形，以綠色絲綢製成的衣服長至膝蓋下方，並施有金襴（織金※1）。士大夫女性同樣會將團衫作為禮服使用，且同樣以綠色絲綢製成，但是並未施以金襴，胸背※2的位階則依夫婿為準。但是到了朝鮮王朝中期，唐衣（p.122）就取代了團衫。

※1：以金線在絲綢布料上繡出的鳳凰與花卉等華麗圖騰。
※2：配置在胸口與背部的刺繡方布，使用的圖騰依品階訂有詳細的區分。

長衫

朝鮮王朝初期內外命婦廣泛使用的禮服，從妃嬪至內人（宮女）、五品以下的正妻都可穿著，並會以色彩與裝飾展現地位差異。人們於朝鮮王朝中、後期開始穿著圓衫（p.130）與唐衣後，長衫就逐漸退場，但是根據宮廷留下的紀錄，一直到朝鮮王朝末期都還會當成婚服使用。

鞠衣

王妃在親蠶禮中祭祀蠶神時所穿著的服裝。朝鮮王朝初期的鞠衣顏色是源自於桑葉的桑色（帶青的黃色），命婦則會穿著青色，但是1493年開始王妃改穿青色，命婦則改穿著鴉青色。後來舉行親蠶禮時又改穿圓衫（p.130）。

露衣

朝鮮王朝初期時王妃的日常服裝，是等級高於長衫（p.127）但是低於翟衣（p.133）的長袍。四品以上的正妻也可以穿著露衣當作禮服，但是必須以花卉金箔圖騰取代青色系的雙鳳紋。英祖之後便沒再穿著的露衣，一直到朝鮮王朝時代末期都沒有改變過設計。

315個雙鳳紋

身體前側的布料略短，
後側布料則會長至在地
面拖曳

圓衫

衣襟是帶有弧線的對襟，因此命名為圓衫，是朝鮮王朝中期開始作為禮服使用的長袍。王妃穿著紅圓衫、妃嬪是紫赤圓衫，公主與翁主則是綠圓衫（p.118）。並特別允許庶民成婚時或尚宮穿著大禮服時，選擇未施金箔的綠圓衫。

袖子相當寬，且有黃色與青色的彩段（彩色的線條）、金織緞的白色汗衫（假袖）

身體前後側的布料從腋下開始開岔，且前側布料比後側布料短約30公分

膝襴裙、大襴裙

膝襴是裝飾禮服裙襬的長布，寬約20～30公分，會施以龍鳳、植物或文字等各式金箔或金襴圖騰。僅有一層膝襴時稱為膝襴裙，可搭配小禮服使用；兩層膝襴則稱為大襴裙，應搭配大禮服使用。膝襴裙與大襴裙比一般裙子更寬更長，且通常是紅色或藍色。膝襴裙登場於朝鮮王朝初期，大襴裙與前香上裳（參照下圖）則是朝鮮王朝末期才出現。

前香上裳：
穿著大禮服時，
會搭在大襴裙上
方的裙子，是由
前、左、右三片
布料組成

在藍裙上疊一層紅裙，
稍微露出藍裙的裙襬

大衫

王妃與王世子嬪禮服中，等級最高的是「翟衣」（p.133），但是翟衣的原型其實是朝鮮王朝初期，由大明帝國於「君王妃禮」時贈送的大衫。大衫是正紅色的素色服裝，穿上後會再搭配一件施有翟雞紋（雉雞紋）的青色背子※與霞帔（p.142）。

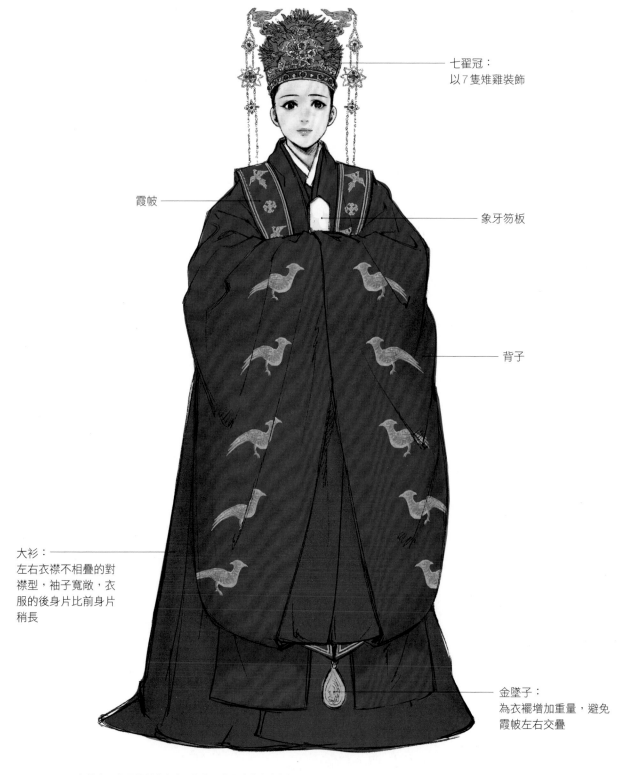

七翟冠：
以7隻雉雞裝飾

霞帔

象牙笏板

背子

大衫：
左右衣襟不相疊的對襟型，袖子寬敞，衣服的後身片比前身片稍長

金墜子：
為衣襬增加重量，避免霞帔左右交疊

● 根據大明帝國的制度與官服紀錄，背子會穿在大衫裡面。

※基本上是背心型，名稱與型態隨著時代產生豐富變化，另外還有半袖與長袖版本。

翟衣

翟衣是大王大妃（歷代先王的王妃）、王妃、世子嬪、世孫嬪等王室嫡流正室，也就是身分最高階的女性專用。除了王室婚禮「嘉禮」與冊封式※1以外，參加宮中主要祭禮與儀式時都會穿著。

朝鮮王朝於中期按照大明服制，打造出了獨有的翟衣制度。但是歷經文祿慶長之役（壬申倭亂）※2與丙子之亂（丙子胡亂）※3，失去了以前的大衫制度相關紀錄與實物，朝廷只好規畫出新的服制，使得大首髻（p.135）取代了七翟冠（p.132），整體服制更具備朝鮮特色。

※1：賦予國王、王妃與世子等地位或稱號的典禮。
※2：文祿元年～2年（1592～1593年）的文祿之役，與慶長2～3年（1597～1598年）的慶長之役總稱，在朝鮮半島稱為「壬辰倭亂」。
　　豐臣秀吉為了征服大明帝國，與朝鮮、大明組成的聯軍交戰。慶長3年（1598年），豐臣軍在豐臣秀吉離世後撤退。
※3：1636～1637年朝鮮王朝抵禦滿清攻打之戰。

根據1751年（英祖27年）編撰的《國朝續五禮儀補》，完整的翟衣穿法是由翟衣本身，搭配圭（瑞玉）、別衣、霞帔、裳（裙子）、大帶、玉帶、蔽膝、佩玉、綬、舄（鞋子）、襪所組成。此外王妃的翟衣是在大紅緞上施加51個圓翟紋（雉雞紋）組成，大王大妃（歷代先王的王妃）整體相同，僅是顏色改為紫色。王世子嬪的翟衣是鴉青色，會配置36個圓翟紋。

背影

大首髻

王妃穿著大禮服「翟衣」時搭配的髮型，會利用加髢增加頭頂造型的豐富度，或是將頭髮梳成高髻後，將剩下的頭髮綁成碰到肩膀的三角形（如A字型），並會以各式抖簪（p.77）與髮簪（p.75）、唐只（p.78）妝點出華麗的視覺效果。仁祖莊烈后於嘉禮（婚禮）時（1638年）梳的大首髻，是以68束加髢與47根髮簪組成，奢華非凡。但是英祖時代的大首髻規模就縮小許多，變成10束加髢與27根髮簪。

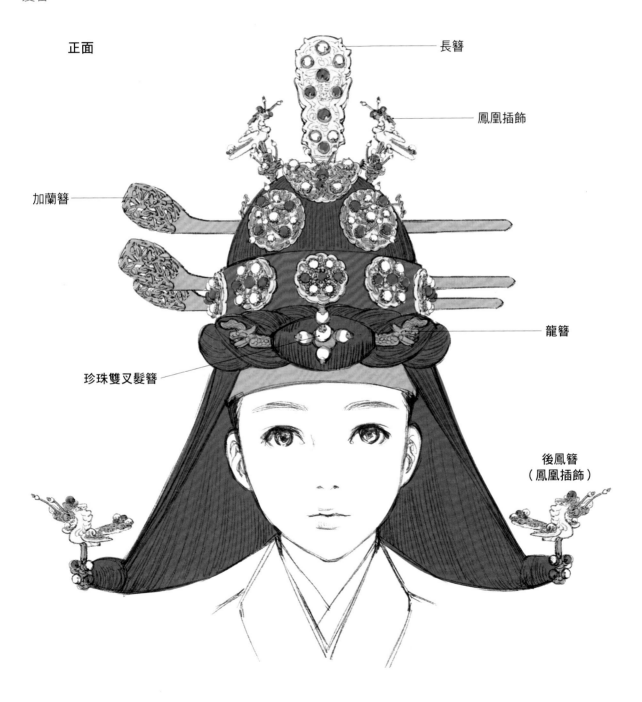

正面

長簪

鳳凰插飾

加蘭簪

龍簪

珍珠雙叉髮簪

後鳳簪
（鳳凰插飾）

大首髻前後看起來差不多，但是後面高髻下側的頭髮，會綁成如A字的三角形，而正中央的三股辮則會如絲陽髻（p.69）配戴往上捲起的唐只（p.78）。

背影

用梅花形的釘子固定珍珠

珍珠雙叉髮簪

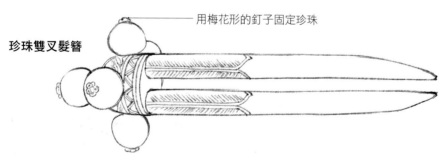

插在大首髻額前頭髮的花卉造型裝飾品。

翟衣下的服裝與鞋子

穿著整套翟衣之前會先穿上襯褲（p.44～47）、赤古里、唐衣（p.122）、大襴裙（p.131）、前香上裳（p.131），足部則會穿上赤襪（紅色的足衣）與赤舄（紅色鞋子）。

赤襪

與赤舄一起穿的紅色足衣，腳踝處有兩根綁線。

赤舄

王妃會穿著顏色、形狀都與國王相同的舄，但是比國王多了用綠線、紅線製成的3朵花。

別衣

先穿上形狀與翟衣（p.139）相同的別衣。

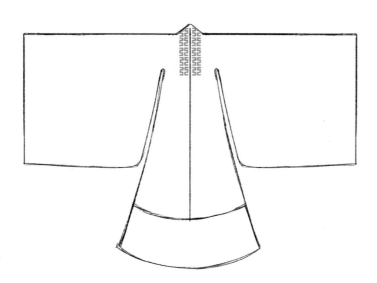

別衣

穿在翟衣內的「中單」（穿在裡面的單衣），與翟衣一樣都是紅色，衣襟則以金箔施有11個「亞」字黻紋。從國王到文武百官在穿著朝服與祭服時，長袍裡面都會穿一件單衣，也就是「中單」，從外面是看不到的。

翟衣

翟衣是用大紅緞製成，前側的衣襟是左右對稱的「對襟」（p.53），且前側布料長至幾乎到達裙襬，後側布料則比裙子長1尺（約30.3公分）左右，袖子幾乎與前側布料同長。

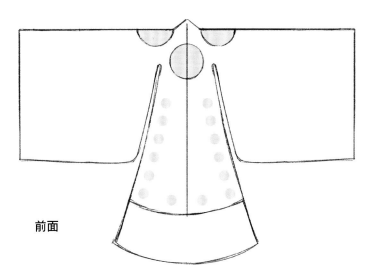

前面

翟衣上有4處（雙肩、背部與胸口）金繡五爪龍補（圓補有金絲刺繡的五爪龍）與51處圓翟（圓雉刺繡。前側左右各7處、背部左右各9處、中心下方1處、袖口左右各9處）

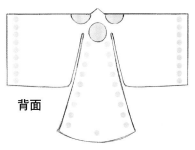

背面

139

大帶、綬

將大帶纏在腰上，接著將綬固定在大帶後側的中央後垂下。

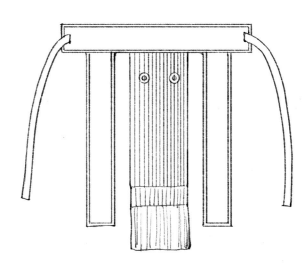

大帶分成纏在腰部的部分，以及左右兩側
垂下的部分。表面為赤色，內裡為白色，
並以玉色飾邊。
綬是由紅、藍、綠這3種顏色的絲綢粗布
條織成的長方布，內裡有一塊赤色布料，
上部有兩個金屬環，下部則會垂掛著名為
「網綬」的流蘇。

蔽膝

用蔽膝上方的環狀零件掛在大帶上後，懸垂於前側。

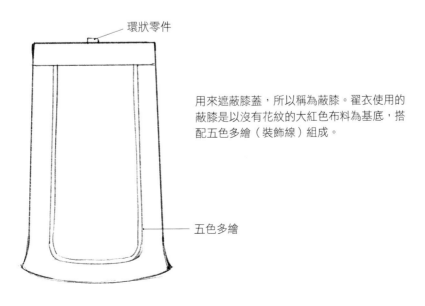

環狀零件

用來遮蔽膝蓋，所以稱為蔽膝。翟衣使用的
蔽膝是以沒有花紋的大紅色布料為基底，搭
配五色多繪（裝飾線）組成。

五色多繪

將霞帔披在肩膀上，使兩端垂於身前。

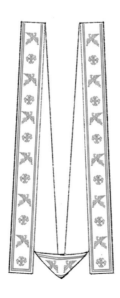

霞帔表面為黑色，內裡為赤色，施有28處
金箔雲紋與26處金箔雉雞紋。

玉帶

將玉帶綁在腰間後,再仔細整理霞帔。

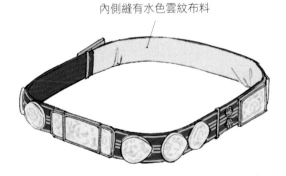

內側縫有水色雲紋布料

在赤色腰帶上飾以玉板後即為玉帶,而王妃玉帶所使用
的玉板,還會施加鳳紋透雕。

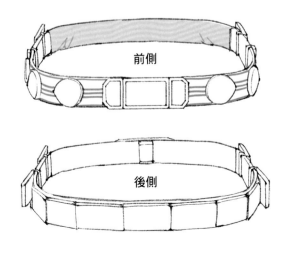

前側

後側

佩玉

將佩玉的扣環掛在玉帶上，使其垂在雙邊腋下的下方。

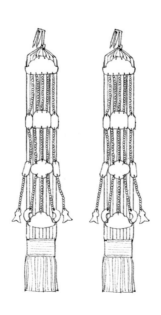

以黑、白、青、綠、赤這5色組成的織物（交織緞）上方，用玉珠接繫形形色色的玉板所製成。走路時玉飾會互相碰撞發出聲響，用來提醒配戴者必須謹言慎行，以表君子之德。

【作者簡介】

禹那英　WOOH NA YOUNG

以筆名「黑曜石」備受矚目的人氣繪師。
1979年出生於首爾，畢業於梨花女子大學的東洋畫系。
以「穿著韓服的愛麗絲」等讓西洋童話角色穿著韓服的作品，獲得了全世界網友的關注。
目前以韓服為主軸活躍於插畫界，合作廠商包括約翰走路、迪士尼、漫威與三星等韓國內外企業。
2019年，由於長期推廣韓服至國外並更深入韓國日常，獲得韓國文化體育觀光部長官認證，獲頒該年度「珍愛韓服」感謝狀。同年為紀念韓國與丹麥建交60週年，應邀參與於維堡舉辦的「動漫體驗型講座」。
2020年，於樂天飯店＆渡假村的藝廊（首爾）舉辦個展。

HOMEPAGE　https：//www.woohnayoung.com/
BLOG　https：//blog.naver.com/obsidian24
TWITTER　https：//twitter.com/00obsidian00
FACEBOOK　https：//www.facebook.com/woohnayoung
INSTAGRAM　http：//www.instagram.com/woohnayoung/

展覽

2013　於韓國首爾舉辦個展「Alice, wearing Hanbok」
2015　於韓國首爾舉辦合作展「Imagine a New Era of Hanbok : Into Full Bloom」
2015　於美國Eric Carle繪本美術館舉辦企畫展「Alice is」
2016　於法國巴黎Bibliothèque Vaclav Havel舉辦「禹那英個展」
2017　受邀以《Korean Folk Tales in Gyeongi》參與京畿道博物館舉辦的特展
2018　受邀於首爾大學中央圖書館舉辦招待展「Fairy Tales with Hanbok」
2019　受邀於丹麥維堡舉辦「Expended Animation」、「Flip Book Exhibition」
2020　於韓國首爾樂天飯店＆渡假村舉辦個展「Fairly Tales with Hanbok」

工作

2016　Twitter「三一節顏文字」的設計
2016　約翰走路「仁川國際機場黑牌」的酒桶設計
2016　與Netflix合作《夜魔俠》、《Sense 8》、《Love》
2017　與韓國迪士尼合作《美女與野獸》、《星際異攻隊2》、《雷神索爾3：諸神黃昏》
2017　與三星合作「Galaxy Note 8」廣告，參與插畫設計並出任網紅模特兒
2017　與Blizzard合作《魔獸世界：激戰》
2018　為漫威繪製《蜘蛛人與死侍：序章》的特別版封面
2018　為LG Global廣告模特兒「Alan Walker」繪製肖像畫
2018　與Nexon合作《天涯明月刀》、《新楓之谷》
2019　與Fuerza Bruta合作舉辦「FUERZA BRUTA WAYRA in SEOUL」表演
2019　與韓國迪士尼合作《黑魔女2》

闊衣：最正式的大禮服。原本是專屬於王女的婚服，後來也開始允許庶民結婚時穿著。

翟衣：僅王妃、世子嬪等王室嫡子孫的正室，也就是身分最高階的女性能夠穿著的大禮服。

圓衫：朝鮮王朝中期之後的禮服。並特別開放讓庶民結婚時也可穿著未施以金箔的「綠圓衫」當作婚服。

露衣：朝鮮王朝初期的王妃常服，比長衫更加正式，但是比翟衣低階。

長衫：朝鮮王朝初期的內、外命婦廣泛使用的禮服，到了朝鮮王朝中、後期則改穿圓衫與唐衣。

唐衣：宮廷的小禮服，是王族女性的常服，也是庶民階層的婚服。

團衫：朝鮮王朝初期，王妃與士大夫階層的女性在用的禮服，但是到了朝鮮王朝中期就改穿唐衣。

大衫：大明帝國贈與的禮服，翟衣的原型。

鞠衣：王妃在親蠶禮中祭祀蠶神時穿著的服裝，後來則改成圓衫。

宵衣：朝鮮王朝初期的兩班階層與庶民階層女用禮服，外黑內白且有紅色飾邊，會當成婚服使用。

綠衣紅裳：綠色赤古里與紅色裙子的組合，又稱為新嫁娘韓服，會穿到生下第一個孩子為止。

裙子：女用韓服的下裝。

赤古里：上衣。

三回裝赤古里：鑲邊、衣襟、紟（衣襟綁帶）、肩個只（腋下處的裝飾）的顏色均與服裝底色不同的赤古里。除了士大夫的女性以外，只有不受一般服制規範的妓生能夠穿著。

半回裝赤古里：鑲邊、衣襟、紟（衣襟綁帶）的顏色均與服裝底色不同的赤古里。一般女性的服裝。

珉赤古里：整件赤古里同色，或是僅紟採用他色的赤古里。庶民女性的服裝。

抹基：裙子腰部的布料。

綁腰高腰裙：抹基有附綁帶的傳統裙子。

背心高腰裙：附有抹基的背心裙，穿著時只要將手臂穿過袖攏，讓肩帶掛在肩膀上即可，因此又稱為肩裙。

腰卷：腰帶。寬約20～30公分的布條，會從腰部纏至胸部，又稱胸帶（遮胸布）。

汗衫：附在袖口遮手用的布料，還有連手腕一起擋住的長袖款。

圓補：妃嬪與王女服飾雙肩、胸口與背上的刺繡圓布。王妃的圖騰是傳說中的五爪龍，世子嬪、公主與翁主則為四爪龍。

胸背：配置在胸口與背部的刺繡方布，使用的圖騰依品階訂有詳細的區分。

亢羅：有紋路的半透明薄絲綢。

苧麻織：以蕁麻科的多年生植物「苧麻」為材料製成的織物。

加髢：使髮量看起來豐沛的假髮，或是使用這種假髮編成的髮型。統一新羅時代（676～935年）已經存在，是非常昂貴奢侈的道具，甚至有一個加髢等於一棟房子或一塊田地的紀錄。此外沉重的重量也會對身體造成負擔，甚至引發過昏倒、頸骨折斷而死亡的意外。

加髢禁令：最具代表性的就是英祖時代的「禁士族婦女加髢」（禁止兩班階層的婦女在著禮服以外的場合使用加髢）、正祖「加髢申禁事目」（妓生等身分低微者以外的婦女，均禁止使用加髢）等。

髮制改革：正祖為遏阻豪奢生活與打扮所推動的改革，加髢即是其中一個改革目標。

西人：朝鮮王朝官僚派閥之一，第一代黨魁住在首都的西側，故稱西人。後來又分裂成老論派與少論派。

內外法：依儒教思想規定男女接觸的制度，包括女性不得與近親以外的男性直接對話、外出應避免肌膚曝露等。

申潤福：朝鮮王朝後期的風俗畫畫家。1758～卒年不詳。留下的許多美人畫，都以兩班階層與妓生為主。

金弘道：朝鮮王朝後期的風俗畫畫

家。1745～卒年不詳。除了王族肖像畫、風景畫與鳥獸畫外，也留下許多風俗畫作品。

巫堂：民間信仰的巫女。接受神靈附身以傳達訊息、占卜或解厄。也會透過供奉、舞蹈等進入恍惚狀態，實現與靈體的交流。會依祈求的對象選擇舞服。由於韓國是儒教國家，因此巫女與僧侶的地位都屬於賤民。

	中國	日本	朝鮮半島
紀元前			古朝鮮
0	漢	彌生	
100			三國時代 高句麗 百濟 新羅
200			
300	三國 晉 南北朝	古墳	
400			
500			
600	隋	飛鳥	
700	唐	奈良	統一新羅
800		平安	
900	五代十國		
1000			
1100	宋		高麗
1200		鎌倉	
1300	元		
1400	明	室町	
1500			
1600		安土桃山	朝鮮王朝
1700	清	江戶	
1800			
1900	中華民國	明治 大正 昭和	大韓帝國 日韓合併
2000	中華人民 共和國	平成 令和	大韓民國 朝鮮

朝鮮王朝的歷代國王

代	國王	生歿年
1	太祖	1335-1408
2	定宗	1357-1419
3	太宗	1367-1422
4	世宗	1397-1450
5	文宗	1414-1452
6	端宗	1441-1457
7	世祖	1417-1468
8	睿宗	1450-1469
9	成宗	1457-1494
10	燕山君	1476-1506
11	中宗	1488-1544
12	仁宗	1515-1545
13	明宗	1534-1567
14	宣祖	1552-1608
15	光海君	1575-1641
16	仁祖	1595-1649
17	孝宗	1619-1659
18	顯宗	1641-1674
19	肅宗	1661-1720
20	景宗	1688-1724
21	英祖	1694-1776
22	正祖	1752-1800
23	純祖	1790-1834
24	憲宗	1827-1849
25	哲宗	1831-1863
26	高宗	1852-1919
27	純宗	1874-1926

※年表經過簡化，實際情況更加複雜且眾說紛紜。

參考文獻

書籍

강명관,《조선 풍속사 3: 조선 사람들, 혜원의 그림 밖으로 걸어 나오다》, 푸른역사, 2010

강명관,《조선에 온 서양 물건들: 안경, 망원경, 자명종으로 살펴보는 조선의 서양 문물 수용사》, 휴머니스트, 2015

강순제,《한국 복식 사전》, 민속원, 2015

경기도박물관,《동래 정 씨 묘 출토 복식 조사 보고서》, 경기도박물관, 2003

경운박물관,《옛 속옷과 침선》, 경운박물관, 2006

국립고궁박물관,《고궁 문화》제4호, 국립고궁박물관, 2011

국립고궁박물관,《고궁의 보물》, 국립고궁박물관, 2007

국립고궁박물관,《왕실문화도감: 궁중악무》, 휴먼컬처아리랑, 2015

국립고궁박물관,《왕실문화도감: 조선왕실복식》, 디자인인트로, 2013

국립문화재연구소 예능민속연구실,《매듭장》, 국립문화재연구소, 1997

국립현대미술관,〈한국 전통 표준 색 90선〉,《한국전통표준색명 및 색상 2차 시안》, 1992

권오창,《인물화로 보는 조선 시대 우리 옷》, 현암사, 1998

권혜진,《활옷, 그 아름다움의 비밀》, 혜안, 2012

김문자,《한국 복식사 개론》, 교문사, 2015

김용숙,《조선조 궁중 풍속 연구》, 일지사, 1987

김은정,《한국의 무복》, 민속원, 2004

단국대학교 석주선기념박물관,《석주선 박사의 우리 옷 나라: 1900년~1960년대 신여성 한복 BEST Collection 》, 단국대
　　학교출판부, 2016

단국대학교 석주선기념박물관,《조선 시대 우리 옷의 멋과 유행》, 단국대학교출판부, 2011

백영자,《한국 복식 문화의 흐름》, 경춘사, 2014

안명숙,《우리 옷 이야기》, 예학사, 2007

안명숙·김용서,《한국 복식사》, 예학사, 1998

유송옥,《한국 복식사》, 수학사, 1998

이경자,《우리 옷의 전통 양식》, 이화여자대학교출판문화원, 2003

이민주,《용을 그리고 봉황을 수놓다: 조선의 왕실 복식》, 한국학중앙연구원, 2013

이민주,《치마저고리의 욕망: 숨기기와 드러내기의 문화사》, 문학동네, 2013

이인희·조성옥,《고전으로 본 전통 머리》, 광문각, 2011

이화여자대학교 담인복식미술관,《이화여자대학교 담인복식미술관 개관 기념 도록》, 1999

조효순·김미자·박민여·신혜순·류희경·김영재·최은수,《우리 옷 이천 년》, 미술문화, 2001

최공호·박계리·고우리·진유리·김소정,《한국인의 신발, 화혜》, 미진사, 2015

최연우,《면복: 군주의 덕목을 옷으로 표현하다》, 문학동네, 2015

한국고문서학회,《의식주 살아 있는 조선의 풍경: 조선 시대 생활사 3》, 역사비평사, 2006

한국고문서학회,《조선 시대 생활사 1·2》, 역사비평사, 2006

홍나영·장숙환·이경자,《우리 옷과 장신구》, 열화당, 2003

論文

김소현, 〈조선 시대 여인의 장삼에 대한 연구〉, 한국복식학회 제 67 권 제 8 호, 2017

김은정·김용서, 〈강신무복의 전통성에 관한 연구 : 철릭을 중심으로〉, 한국무속학 제 4 집, 2002

박가영, 〈조선 시대 궁중정재복식의 디자인 요소와 특성〉, 한국디자인포럼, 2014

신혜성, 〈조선 말기 폐백복식 (幣帛服飾) 에 관한 연구〉, 한복문화학회 제 10 권 2 호, 2007

유효순, 〈조선 후기 성인 여성 머리 양식의 특성〉, 한국산학기술학회논문지 제 12 권 제 1 호, 2011

이영애, 〈조선 시대 망수와 익종어진에 나타난 망수 문양에 관한 연구〉, 아시아 민족조형학보 (民族造形學報) 제 18 집, 2017

이은주, 〈조선 시대 신부복의 이중 구조와 변천에 관한 연구〉, 한복문화학회 제 9 권 제 3 호, 2006

조성옥·윤천성, 〈미인도에 나타난 조선 시대 기녀 트레머리 재현에 관한 연구〉, 뷰티산업연구 제 6 권 제 2 호, 2012

최윤희, 〈조선 시대 궁중검무 복식에 관한 연구〉, 건국대학교 디자인대학원 석사학위논문, 2010

網路資料

韓國國立古宮博物館（日／英／韓／中） https：//wwwgogung.go.kr

韓國國立民俗博物館（日／英／韓／中／德／法／西） https：//www.nfm.go.kr

韓國國立中央博物館（日／英／韓／中） https：//www.musum.go.kr

KOREA CREATIVE CONTENT AGENCY（韓） http：//www.culturecontent.com

首爾大學奎章韓國學研究院（日／英／韓／中） http：//kyujanggak.snu.ac.kr

石宙善記念博物館（英／韓） http：//museum.dankook.ac.kr

National Institute of Korean History（英／韓） http：//contents.history.go.kr

韓國民族文化大百科事典（韓） http：//encykorea.aks.ac.kr

Korean Traditional Knowledge Portal（英／韓） http：//www.koreantk.com

日文書籍

『韓国時代劇・歴史用語事典』金井孝利著，學研，2013

『いまの韓国時代劇を楽しむための韓国王朝の人物と歴史』康熙奉著，實業之日本社，2018

『朝鮮王朝の衣装と装身具』張淑煥、原田美佳著，淡交社，2007

『韓国の服飾』杉本正年著，文化出版局，1983

『王妃たちの朝鮮王朝』尹貞蘭著，金容權譯，日本評論社，2010

『朝鮮史』李玉著，金容權譯，白水社，2008

『韓国服飾文化事典』金英淑著，中村克哉譯，東方出版，2008

『韓国服飾文化史』柳喜卿、林京子著，源流社，1983

『韓国の文化』徐正洙著，森本勝彦譯，ハンセボン刊，2006

圖解韓國傳統服飾

出　　　　版／楓書坊文化出版社

地　　　　址／新北市板橋區信義路163巷3號10樓

郵 政 劃 撥／19907596　楓書坊文化出版社

網　　　　址／www.maplebook.com.tw

電　　　　話／02-2957-6096

傳　　　　真／02-2957-6435

作　　　　者／禹那英

翻　　　　譯／黃筱涵

責 任 編 輯／江婉瑄

內 文 排 版／洪浩剛

港 澳 經 銷／泛華發行代理有限公司

定　　　　價／400元

出 版 日 期／2022年1月

國家圖書館出版品預行編目資料

圖解韓國傳統服飾／禹那英作；黃筱涵翻譯.
-- 初版. -- 新北市：楓書坊文化出版社,
2022.01　面；　公分

ISBN 978-986-377-739-7（平裝）

1. 服飾習俗　2. 韓國

538.1832　　　　　　　　110018643